छू

लो

आसमान

छू लो आसमान

खुद अपनी क़िस्मत लिखने वाली दमदार महिलाओं की प्रेरणादायक कहानियाँ

रश्मि बंसल

अनुवाद

उर्मिला गुप्ता

अनबाउंड स्क्रिप्ट

प्रथम संस्करण : 2014 वेस्टलैंड लिमिटेड से प्रकाशित

अनबाउंड स्क्रिप्ट से प्रथम संस्करण : 2023

अनबाउंड स्क्रिप्ट

ISBN : *978-93-92088-28-5*

मूल्य : ₹ 199/-

प्रकाशक : **अनबाउंड स्क्रिप्ट**
2/41, अंसारी रोड, दरियागंज, दिल्ली-110002

वेबसाइट : www.unboundscript.com

ई-मेल : books@unboundscript.com

फोन नं. : 011-35807601

मुद्रक : यश प्रिंटोग्राफिक्स
नोएडा, उत्तर प्रदेश

CHOO LO AASMAN

by Rashmi Bansal

Translated by Urmila Gupta

मेरी प्रिय चाची जी प्रतिमा गर्ग

को समर्पित

आपको यकीन था, मुझ पर

रश्मि बंसल *लेखिका, उद्यमी और प्रेरक वक्ता हैं। उद्यमिता पर उनकी 8 किताबें प्रकाशित हैं: स्टे हंग्री स्टे फूलिश कनेक्ट द डॉट्स, आई हैव ए ड्रीम, पूअर लिटिल रिच स्मल, फॉलो एवरी रेनबो, टेक मी होम, अराइज़ अवेक और गॉड्स ऑन किचन। ये किताबे 12 भाषाओं में अनूदित हैं और उनकी लाखों प्रतियां बिक चुकी हैं।*

वह कार्यक्षेत्र में महिलाओं की भागीदारी की पक्षधर हैं, छात्रों और युवा उद्यमियों के लिए मार्गदर्शक रश्मि ने सोफिया कॉलेज, मुंबई से अर्थशास्त्र में स्नातक, और आईआईएम अहमदाबाद से एमबीए किया है।

सम्पर्क:
www.facebook.com/rashmibansal,
www.twitter.com/rashmibansal or
mail@rashmibansal.in.

अनुक्रम

आभार

इस योजना को जन्म देने, इसे जीवनदान देने के लिए और मुझमें विश्वास रखने के लिए ज़ी टीम का शुक्रिया।

ज़ी के सभी दर्शकों का शुक्रिया, जिन्होंने हमारी गुज़ारिश पर अनेक कहानियाँ भेजीं।

ब्लडी गुड बुक की टीम- नियति पटेल का शुक्रिया, जिन्होंने इस प्रोजेक्ट का भार संभाला और मेरे पंखों को हवा दी।

सुमन छाबरिया अद्दिपल्ली, इस किताब की दो कहानियों (शीतल भाटकर और अपेक्षा शाह) को ढूंढ़ने, इंटरव्यू करने और उनका ड्राफ्ट तैयार करने के लिए शुक्रिया।

आलिया बशीर, श्रीनगर में हाफिज़ा खान को ढूंढ़ने और उनका इंटरव्यू करने के लिए शुक्रिया।

सेमी का शुक्रिया, जिन्होंने कवर बनाया और मेरी संपादक दीप्ति का भी शुक्रिया, जिन्होंने उत्सुकतापूर्वक इसका संपादन किया।

उन सभी महिलाओं का शुक्रिया, जिन्होंने सच्चे मन और श्रद्धा से अपनी कहानियाँ साझा कीं।

लता, निवी और माया का शुक्रिया, जो अपने-अपने ढंग से मुझे प्यार करती हैं और मुझे पूर्णता का अहसास दिलाती हैं।

लेखक के दिल से

मेरी दादी बादाम बाई एक धार्मिक महिला थीं, जिनकी शादी 14 साल की उम्र में हुई, और 16 साल की उम्र में वो माँ बन गईं। नौ बच्चों को पालते हुए भी उन्होंने सभी त्योहार मनाए। वो *कोयले के चूल्हे* पर खाना पकाती थीं। उनकी *मक्के की रोटी* और *दूधिया खीच* का तो कोई जवाब ही नहीं था। जिंदगी भर उन्होंने साड़ी पहनी, वो *भी सर ढककर।*

बादाम बाई एक सौम्य महिला थीं, लेकिन अपने परिवार को उन्होंने पूरी ताकत दी।

मेरी माँ मनोरमा एक गृहिणी हैं, डबल एमए, जिन्होंने परिवार की मर्जी से शादी की। थोड़े-बहुत त्योहार मनाते हुए उन्होंने दो बच्चों को पाला। एलपीजी पर खाना पकाने वाली मेरी माँ बड़ी सहजता से गाड़ी भी चलाती हैं। उनके बनाना मफिन्स और *तड़के वाली दाल* का तो आज भी कोई तोड़ नहीं। पहले वो साड़ी पहनती थीं लेकिन अब कुर्ते और लाइक्रा चूड़ीदार ही पहनना पसंद करती हैं।

मेरी माँ में एक ऐसी ताकत है जिसने हमारे पूरे परिवार को जोड़े रखा।

मैं एक व्यावसायिक महिला हूँ, एडवेंचर की तलाश में, एक ही साथ कई कामों की जिम्मेदारी सर पर उठाने वाली। मेरी एक बेटी है और मैं बमुश्किल ही कोई त्योहार मना पाती हूँ। खाना बनाने के लिए माइक्रोवेव का प्रयोग करती हूँ, और काम के लिए अक्सर सफ़र पर रहती हूँ। जब मेरा मन करता है तभी रसोई में जाती हूँ, वैसे सारा काम घरेलू सहायकों पर छोड़ देती हूँ। मुझे जीन्स पहनना पसंद है, और दुपट्टा लेने से सख्त चिढ़।

मैं आधुनिक महिला हूँ, जो दुनिया पर अपना प्रभाव छोड़ने का दम रखती है।

भारत में, हम शक्ति को उसके स्त्रीत्व स्वरूप में मानते हैं। जनन की शक्ति।

हम सभी में सच, ख़ूबसूरती और मजबूत आत्मविश्वास की नींव पर एक जीवन को पैदा करने की ताकत है।

छू लो आसमान

ये किताब उन्हीं महिलाओं के बारे में हैं जिन्होंने वो अंदरूनी सफ़र तय किया, खुद की और अपने में छिपी शक्ति की तलाश का सफ़र।

अपनी जिंदगी की कमान संभालकर, अपनी ताकत को आजमाइए। आप हालात, समाज या किसी दूसरे बाहरी तत्व की शिकार नहीं हैं।

अपने अंदर की शक्ति को पहचानिए। वही जुनूनी, सकारात्मक और ताकतवर महिला बनिए जिसके लिए आपने जन्म लिया है ।

ज़िद्दी

'बेटी, ज़िद मत कर'–माँ-बाप कहते हैं।

लेकिन दुनिया का हर बड़ा काम, अच्छा काम, नया काम, ज़िद से ही हुआ है!

साहस

युवा गर्ल्स
हुटुप गाँव, झारखंड

'बच्ची है तो क्या – उसे घर का काम तो करना ही पड़ेगा।'

रिंकी, कुसुम, किरण और मानसी ने हमेशा वही किया जो उन्हें करने को कहा गया। लेकिन उन्होंने बिना इजाज़त एक छोटा-सा काम भी किया। और इसी काम ने उनके लिए एक नई दुनिया का दरवाजा खोल दिया, वो दुनिया जो संभावनाओं से भरी हुई थी।

इसकी शुरुआत एक फुटबॉल से हुई। एक अमेरिकी भैया आए थे गाँव में–फ्रांज़ भैया। वो हुटुप में रह रहे थे–झारखंड का एक छोटा-सा गाँव–क्योंकि वो वास्तविक 'इंडिया' को देखना चाहते थे।

फ्रांज़ शाम को लड़कों के साथ फुटबॉल खेलते थे और साथ ही साथ लड़कों और लड़कियों के समूह को अंग्रेजी भी सिखाते थे।

'मुझे जल्दी ही अहसास हुआ कि ये बच्चे जिन सरकारी स्कूलों में जाते थे, वहाँ कुछ नहीं पढ़ाया जाता था!'

फ्रांज़ ने 10 लड़के-लड़कियों के लिए स्कॉलरशिप शुरू की, जिससे वो प्राइवेट स्कूल में पढ़ सकें। उन्हें बच्चों के साथ टूटी-फूटी हिंदी में बात करना पसंद था, जिससे वो उनके जीवन और उनकी समस्याओं के बारे में जान पाएं।

उनके स्कॉलरशिप प्रोग्राम की एक लड़की 11 साल की थी, उसका नाम मानसी था। बातों-बातों में फ्रांज़ भैया ने उससे पूछा, *'अपने खाली समय में तुम क्या करती हो?'*

'मुझे फुटबॉल खेलना पसंद है,' उसने जवाब दिया।

फ्रांज़ हैरान थे। उन्होंने इस गाँव में कभी किसी लड़की को खेलते हुए नहीं देखा था।

ज्यादा पूछने पर मानसी ने बताया, *'नहीं। मैंने कभी खेला नहीं है... पर मैं खेलना चाहती हूँ।'*

'क्या तुम अकेले खेलोगी या तुम्हारी सहेलियां भी तुम्हारे साथ खेल सकती हैं?'

'मैं अपनी सहेलियों को ले आऊंगी,' उसने कहा।

'ठीक है फिर, क्या टाइम ठीक रहेगा?'

'सुबह साढ़े चार बजे,' जवाब आया।

अगली सुबह दिन निकलने से भी पहले, निम्न-वर्गीय लड़कियों का एक समूह जुगाड़ू मैदान में इकट्ठा हो गया। उन्होंने फ्रॉक, स्कर्ट और पुरानी सलवारें पहन रखी थीं। वो सभी नंगे पैर थीं।

जब फ्रांज़ ने मैच शुरू करने का इशारा किया, लड़कियाँ पूरे जोश से मैदान में भागने लगीं। वो लात मार रही थीं, चिल्ला रही थीं, हंस रही थीं और लड़खड़ाकर गिर रही थीं।

ज़िद्दी

'मैंने लड़कों में कभी ऐसा जोश नहीं देखा था!'

जब फ्रांज़ ने गाँव में फुटबॉल टूर्नामेंट आयोजित किया तो लड़कियाँ वहाँ बड़ी संख्या में आईं । लड़कों ने कुछ खास दिलचस्पी नहीं दिखाई।

'लड़कों को फैंसी जर्सी और फैंसी बॉल चाहिए थी–लड़कियों को सिर्फ खेलने से मतलब था!'

तो फ्रांज़ ने एक टीम बनाकर उन्हें सिखाने का फैसला किया। उन्हें अंदाजा भी नहीं था कि वो क्या करने जा रहे थे। गाँव की लड़कियाँ फुटबॉल नहीं खेलती थीं। सबको पता है लड़का-लड़की में फर्क होता है।

लड़कियाँ खाना पकाती हैं लेकिन आखिर में खाती हैं। सबके नहाने के बाद ही उन्हें नहाने का मौका मिलता।

सभी लड़के स्कूल जाते हैं, लेकिन सभी लड़कियाँ नहीं। उन्हें पढ़ने की कोई जरूरत नहीं है।

सभी लड़कियों की शादी जल्दी हो जानी है, इससे पहले कि वो परिवार की नाक कटा दें। इससे कोई फर्क नहीं पड़ता कि उनका पति शराबी है, या नाकारा? ये लड़कियाँ जो फुटबॉल खेलने आ रही थीं उन्हें इस पर कोई हैरानी नहीं थी–ये उनके परिवारों का रोज का तमाशा था।

'रोज शाम को बापू शराब पीकर आते हैं और माँ के साथ मारपीट करते हैं।'

लेकिन मैदान पर गुजारे गए उस डेढ़ घंटे में ये सारी परेशानियां पीछे रह जाती थीं। कोई खाना नहीं बनाना, कोई सफाई नहीं करनी। न ताना, न गाली।

स्कूल में न सही, घर में न सही, कम से कम एक तो ऐसी जगह थी, जहाँ मुझे कुछ मजा आता है।

फुटबॉल खेलना उनके दिन का सबसे जरूरी काम था। और लड़कियाँ समूह बनाकर आतीं। हर नई खिलाड़ी अपने साथ अपनी सहेली को ले आती।

जल्द ही गाँववालों का ध्यान इधर गया। वो मजाक उड़ाते और टिप्पणियां करते।

'वो कहाँ जाती है, क्या करती है? बिगड़ जाएगी बच्ची!'

जब कुछ लड़कियों ने पुराने निक्कर पहनने शुरू किए, तो लड़कों ने इसका मजाक बनाया।

'अरे और छोटे कपड़े पहन ले!'

'खेलना तो आता नहीं, लड़कों से बराबरी करने चली हैं...'

लड़कियों को बहुत बुरा लगा लेकिन वो खामोश रहीं। कम-से-कम उनके पास ध्यान लगाने के लिए फुटबॉल थी। लेकिन खेलते रहना इतना भी आसान नहीं था।

एक दिन वो प्रैक्टिस के लिए आईं तो देखा कि उनका पूरा मैदान पत्थरों से भरा पड़ा है। वो बंजर जमीन थी, जिसका खेती के लिए इस्तेमाल नहीं होता था।

'सब हमको रोकने का तरीका था।'

लेकिन लड़ने के बजाय, वो दूसरे मैदान की तरफ बढ़ गईं । झाड़ू उठाई, मैदान साफ किया और खेलने लगीं!

फ्रांज़ को पहले दिन से ही लड़कियों की निर्णय लेने की क्षमता पर विश्वास था। और धीरे-धीरे लड़कियों में आत्मविश्वास बढ़ने लगा। उन्हें ही सब निर्णय लेने थे, मिलने की योजना, फुटबॉल प्रैक्टिस का समय, क्या-क्या संसाधनों की उन्हें जरूरत होगी।

लेकिन एक दिन लड़कियों ने एक अनपेक्षित 'माँग' रख दीः इंग्लिश की नियमित क्लास।

और इस तरह से 'युवा' लड़कियों के लिए एक्स्ट्रा क्लास शुरू की गईं। हर रोज प्रैक्टिस के बाद।

अगर कोई कुछ साल पहले कुसुम या किरण या शशि या खुशी से पूछता–*'आप बड़े होकर क्या बनना चाहती हो'*–उनका एक ही जवाब होता। *'मैं नर्स बनना चाहती हूँ'* या *'मैं टीचर बनना चाहती हूँ।'*

लेकिन अब उन्हें अहसास है कि लड़कियाँ इससे कहीं ज्यादा कर सकती हैं। कि सपने देखना और महत्वाकांक्षाएं पालना अच्छा है।

लड़कियाँ हर सुबह साढ़े चार बजे फुटबॉल खेलने आतीं। उन्होंने रोज स्कूल जाना भी शुरू कर दिया था।

अगले तीन सालों तक फ्रांज़ ने 'युवा' लड़कियों के साथ बहुत मेहनत की। धीरे-धीरे उनके जैसी सोच वाले और लोग उनसे जुड़ गए। पूरी दुनिया से छात्र और स्वयंसेवी कुछ महीनों के लिए उनके साथ काम करने आते। 'युवा' को मजबूती देने में उन सबकी महत्वपूर्ण भूमिका है। जैसे अमेरिका की एमबीए स्नातक अन्या गुप्ता, जिन्होंने प्रशासनिक कार्यों की जिम्मेदारी संभाल ली। और आईआईटी स्नातक, पुल्कित गुप्ता, जिन्होंने फंड प्राप्त करने के लिए ब्रोशर्स और पेम्पलेट के डिजाइन बनाए।

कुछ स्वयंसेवी टीम के फुल-टाइम सदस्य बन गए। एक युवा लड़की, रोज़, अमेरिका के मिसोरी से कुछ समय के लिए 'युवा' की लड़कियों को पढ़ाने और फुटबॉल सिखाने आई थीं। वो यहीं रह गईं और अब वो युवा स्कूल की प्रिंसीपल हैं। ऐसे ही, निहारिका बक्सला, बीआईटी-मसरा से कंप्यूटर एप्लीकेशन में पोस्टग्रेजुएट, अब युवा की लड़कियों के लिए बड़ी बहन की तरह हैं। वो वहाँ की चाइल्ड डवलपमेंट अधिकारी हैं।

युवा का स्टाफ जानता है कि लड़कियों में प्रतिभा और दृढ़ता है। उन्हें बस एक मंच की जरूरत थी, जहाँ वो अपनी प्रतिभा दिखा सकें। तो लड़कियों ने टूर्नामेंट में भाग लेना शुरू किया, पहले स्कूल के स्तर पर, फिर राज्य स्तर पर और फिर आखिरकार राष्ट्रीय स्तर पर।

2013 में, फ्रांज़ ने युवा की टीम को मशहूर गासतेज़ कप–14 साल से नीचे की महिलाओं के लिए स्पेन में आयोजित होने वाली प्रतियोगिता–और सैन सेबेस्टियन, स्पेन के दोनोस्ती कप में उतारने का फैसला किया।

लड़कियाँ तो बहुत रोमाँचित थीं। *'हमें विदेश में जाने का मौका मिल रहा है! पर ये कैसे तय करेंगे कि कौन जाएगा?'* वहाँ लगभग 100 लड़कियाँ थीं, जो रोज फुटबॉल खेलने आती थीं, लेकिन उनमें से सिर्फ 13 को चुना जाना था।

फ्रांज़ ने टीम चयन का बहुत ही अनोखा तरीका अपनाया। उन्होंने लड़कियों को पांच श्रेणियों में एक-दूसरे को आंकने को कहाः सकारात्मकता, ईमानदारी, परवाह, निस्वार्थता और टीम एकता।

'फुटबॉल तो सब खेलते हैं, मगर अच्छा इंसान कौन है? अच्छी टीम उन्हीं से बनती है।'

रिंकी नाम की एक लड़की को हर मानदंड पर, हर खिलाड़ी ने नंबर 1 पर रखा। उसे टीम का कप्तान बना दिया गया। टीम के दूसरे सदस्य भी इसी तरह चुने गए।

'मैं चाहता था कि युवा टीम के अधिकांश सदस्य सकारात्मक नजरिये और नीति पर काम करने वाले हों!'

जैसे ही गाँव में स्पेन दौरे की बात फैली, वैसे ही अफवाहें भी फैलने लगीं। *'लड़कियाँ हवाई जहाज में बैठकर विदेश जा रही हैं।'* ईर्ष्या भी अपना सिर उठाने लगी।

फुसफुसाहटें होने लगीं, *'वो विदेशी तुम्हारी लड़कियों को देश से बाहर ले जाएगा–वो उन्हें वहाँ बेच देगा!'*

फ्रांज़ और उनकी टीम इन लड़कियों के घर गए और उनके परिवार वालों को जरूरी कागजातों पर हस्ताक्षर करने के लिए मनाया।

लेकिन समस्या यहीं खत्म नहीं हुई। पासपोर्ट की एप्लीकेशन भरने से पहले लड़कियों को बर्थ सर्टिफिकेट की जरूरत थी। जब वो लेने के लिए ऑफिस में गए तो पंचायत सेवक ने उन्हें देने से मना कर दिया।

पहले तो उसने ताना मारा, *'तुम इतनी छोटी और कमजोर हो; वहाँ हार जाओगी!'*

फिर उसने रिश्वत माँगी और पैसे मिलने के बाद भी सर्टिफिकेट देने से मना कर दिया।

जब लड़कियों ने जोर दिया, तो क्लर्क ने तय किया कि *'अब बहुत हो गया'*। उसने एक लड़की को चांटा मारा और कहा कि झाड़ू उठाकर फर्श साफ करे।

युवा का स्टाफ और बोर्ड के सदस्य इससे काफी नाराज थे। कुछ तो करना ही था; यह सहा नहीं जा सकता था। तो फ्रांज़ *हिंदुस्तान टाइम्स* के रांची संवाददाता के पास गए। मामले को उच्च अधिकारियों की नजरों में लाया गया, जिन्होंने क्लर्क पर सख्ती की। लड़कियों को उनका बर्थ सर्टिफिकेट और पासपोर्ट मिल गया, और फ्रांज़ उनके वीज़ा के लिए नई दिल्ली आए।

'स्पेनिश वाणिज्य दूतावास ने इस पर समय खत्म होने के बाद भी काम किया...'

आखिरकार जब खिलाड़ियों ने कोलकाता से स्पेन की फ्लाइट पकड़ी तो ऐसा लगा मानो कोई बड़ी जंग जीत ली हो। युवा की टीम पहले टूर्नामेंट के लिए सैन सेबेस्टियन में उतरी–दोनोस्ती कप के लिए। स्थानीय प्रेस, रेडियो और टेलीविजन स्टेशन ने उनका तहेदिल से स्वागत करते हुए, इंटरव्यू लिया।

'वो पल बहुत खास था जब लड़कों की एक टीम ने हम लड़कियों को देखकर "इंडिया, इंडिया!" का नारा लगाते हुए तालियाँ बजानी शुरू कर दीं।'

'लड़का हो या लड़की, वहाँ कोई फर्क नहीं।' ये टीम के मनोबल के लिए सकारात्मक बदलाव था।

हालाँकि, टूर्नामेंट एक बड़ी चुनौती था। युवा की लड़कियाँ कभी घास पर नहीं खेली थीं। वास्तव में, उन्हें कभी एक वास्तविक फुटबॉल मैदान पर खेलने का अनुभव

नहीं था। वो अपने पहले ही मैच में विसकंसिन, यूएसए से 3-1 से हार गईं। लेकिन जैसे-जैसे खेल आगे बढ़ा, बदलाव आने लगा।

स्पेन की टीमों के खिलाफ अपने अगले मैचों में, लड़कियों ने जान लगा दी और मैच जीत लिए। बदकिस्मती से वो आगे के मैच नहीं जीत पाईं।

लेकिन अंतर्राष्ट्रीय टूर्नामेंट में क्वार्टर फाइनल तक पहुँचने से उन्हें वो प्रोत्साहन मिल गया था, जो चाहिए था। फ्रांज़ ने प्यार से युवा टीम का नाम 'द सुपरगॉट्स' रख दिया था, क्योंकि वो निडर थीं, जो चाहिए था उससे भिड़ने के लिए पूरी तरह तैयार। और अब वो अपनी पूरी फॉर्म में आ चुकी थीं।

जब अगला टूर्नामेंट शुरू हुआ तो युवा टीम की लड़कियों का जोश काबिले तारीफ था। गासतेज़ कप में तीसरे स्थान पर आकर, युवा टीम ने कांस्य पदक हासिल किया। जब उनके नाम की घोषणा हुई, तो लड़कियाँ भागकर ड्रेसिंग रूम में गईं और पारंपरिक लाल व सफेद साड़ियां पहन लीं। और जब वो पोडियम से उतरीं तो उन्होंने पारंपरिक 'झूमर' नृत्य करना शुरू कर दिया। वो गा रही थीं:

मैं झारखंड की उन लड़कियों को मैसेज देना चाहती हूँ
जो स्कूल नहीं जातीं। कृपया करके स्कूल जाएँ और
अपनी जिंदगी में आगे बढ़ें। ऐसा कुछ काम करें
जिससे पूरी दुनिया उन्हें जाने।

–रिंकी, युवा टीम कप्तान।

'युवा युवा हम हैं युवा, सबसे जुदा;
गेंदवा को मारे, नेटवा को फाड़े,
मिल के बोलो जय युवा!'

जब वो गाँव आए तो सब बदल चुका था। माता-पिता गर्व से बताते– *'ये मेरी बेटी है।'* लोग उनको इज्जत की नज़र से देखने लगे।

वो लोग जो लड़कियों के फुटबॉल खेलने का मजाक बनाते थे अब अपनी बेटियों को युवा में भेजना चाहते थे। क्या पता उसकी भी किस्मत खुल जाए?

आज, युवा प्रोग्राम में 300 लड़कियाँ हैं। वो सिर्फ फुटबॉल ही नहीं खेलतीं, बल्कि युवा के नए खुले स्कूल में भी पढ़ती हैं। ये स्कूल उन स्कूलों से बहुत अलग है, जिनमें लड़कियाँ पहले जाया करती थीं।

'सच यह है कि मैं कभी स्कूल शुरू करना नहीं चाहता था। लेकिन यही इकलौता तरीका था जिससे हम इन लड़कियों को अच्छी शिक्षा दे सकते थे।'

युवा स्कूल की हर कक्षा में तकरीबन 15 छात्र हैं। इंग्लिश मीडियम स्कूल है, जिसमें बस से आना-जाना फ्री है और फीस बहुत कम। लेकिन फिर भी इसके प्रति मिली-जुली प्रतिक्रिया थी।

'हमने अभिभावकों को बताया कि हम उनके बच्चों को नहीं पीटेंगे, लेकिन उन्हें ये समझ ही नहीं आया!'

उन्होंने कहा, *'मारेंगे नहीं तो बच्चा सीखेगा कैसे...'*

धीरे-धीरे ये सोच बदल रही है। अब ज्यादा से ज्यादा लड़कियाँ युवा स्कूल में दाखिला लेना चाहती हैं। अब 600 बच्चों के लिए एक और स्कूल बनाने की योजना है।

युवा टीम साल दर साल बढ़ती जा रही है। अब 10 फुल-टाइम सदस्य हैं और 27 पार्ट टाइम कर्मचारी। लड़कियों के लिए एक व्यवसायी फुटबॉल कोच भी नियुक्त कर लिया गया है। उसके काम में कोच की अगली पीढ़ी तैयार करना भी शामिल है। वर्तमान में, 20 वरिष्ठ लड़कियाँ और पांच लड़के युवा की जूनियर टीम को मार्गदर्शन देते हैं (उन्हें इस काम के पैसे भी मिलते हैं)।

'आगे जाकर ये एक कैरियर पथ भी हो सकता है।'

हां, अभी इन लड़कियों को बहुत से रास्ते बनाने हैं। कोई पत्रकार बनना चाहती है, तो कोई पायलट। रिंकी कुमारी की और बड़ी ख्वाहिशें हैं। वह अब धाराप्रवाह अंग्रेजी बोलती है और उसे आईआईएफटी दिल्ली में टेड टॉक के लिए भी आमंत्रित किया गया था। मंच पर खड़े होकर रिंकी ने बताया:

'बड़े होने पर मैं तलाक कराने वाली वकील बनना चाहती हूँ। मैं बहुत-सी ऐसी लड़कियों को जानती हूँ जो अपने पति से तलाक लेना चाहती हैं क्योंकि वो उन्हें मारते हैं, शराब पीते हैं और परिवार का सारा पैसा जूए और शराब में उड़ा देते हैं। लेकिन औरतें तलाक लेना नहीं जानतीं। मैं ऐसी महिलाओं की मदद करना चाहती हूँ जो आजाद होकर एक अच्छी-सी नौकरी करके अपने भविष्य के लिए पैसे बचा सकें।'

रिंकी तब तक शादी नहीं करेगी, जब तक पढ़ाई खत्म करके उसे अच्छी-सी नौकरी न मिल जाए। युवा की लड़कियों के अभिभावकों से स्टैम्प पेपर पर बने एक बॉन्ड पर साइन कराए जाते हैं, जिससे वो अपनी जुबान से न फिर सकें।

'भले ही लड़कियों को आज भी अपने हक की लड़ाई लड़नी पड़ रही है, लेकिन अब वो बेहतर योद्धा बन गई हैं।'

युवा की लड़कियों ने अपने गाँव के नियमों को बदल दिया है। अब लड़कियों की नई पीढ़ी ये कहने से नहीं झिझकती, *'मुझे भी जीने दो, आसमान में उड़ने दो। सपना देख रही हूँ, उसे सच करने की हिम्मत है।'*

मेरी पसंद

उषा चौधरी

उदयपुर, राजस्थान

'तुम एक लड़की हो–तुम्हारी ज़िंदगी का मकसद है शादी और बच्चे।' उषा चौधरी ने अपनी ज़िंदगी एक ही मिशन को समर्पित कर दी: महिलाओं की पसंद को सक्षम बनाने में। पढ़ने की पसंद, काम करने की पसंद और अपनी मर्जी के लड़के से शादी करने की पसंद।

'आते ही लड़की पैदा कर दी इसने।'

उषा के पैदा होने पर रिश्तेदारों की यही बात उषा की माँ को सुननी पड़ी थी। राजस्थान के एक रूढ़िवादी जाट परिवार में एक लड़की बोझ से ज़्यादा और कुछ नहीं थी।

'देखना, अब तो सात और लड़कियाँ पैदा होंगी। परिवार में लाइनें लग जाएँगी!' वो ताना मारते।

अगली बार बेटे के जन्म के बाद ही उषा की माँ ने चैन की साँस ली *कि 'अब मुझे घर से नहीं निकालेंगे।'*

उषा सबकुछ नहीं समझ सकती थीं लेकिन वह जान गई थीं कि उनके दादा-दादी जो लाड़ प्यार उनके भाई को देते हैं, वो उन्हें नहीं मिलता।

बड़ी होते हुए उषा ने अपने शराबी पिता से माँ को पिटते हुए देखा। कई बार वो अपना घर छोड़कर कुछ दिन के लिए मायके में रहने के लिए भी चली गईं। *'कि शायद मेरे जाने से कुछ सुधर जाएँगे।'*

ऐसे में उषा के नाज़ुक कंधों पर अपने भाई-बहन का ध्यान रखने की ज़िम्मेदारी भी आ जाती थी। *'एक तरफ एग्जाम के लिए पढ़तीं, और दूसरी तरफ सबके लिए खाना बनातीं।'*

पीने की आदत की वजह से उषा के पिता की नौकरी भी छूट गई। तो उन्होंने घरवालों के पालन-पोषण के लिए चाय का एक खोका खोल लिया, जबकि उषा की माँ कपास के खेतों में मजदूरी कर रही थीं।

यहाँ तक कि उषा और उनके छोटे भाई को भी काम करना शुरू करना पड़ा। *'हम पढ़ाई के साथ-साथ खेत में माँ के साथ मजदूरी भी करने लगे।'*

मजदूरों की तरह काम करने के बावजूद भी, उषा ने कभी अपनी पढ़ाई नहीं छोड़ी। तब उषा को अहसास हुआ कि दृढ़ता के साथ वो किसी भी बाधा को पार कर सकती थीं। लेकिन 10वीं क्लास में उन्हें पहली बार सच का आभास हुआ। वो छुट्टियों के दौरान अपने माता-पिता के साथ अपनी नानी के घर गई थीं।

एक दोपहर, जब उषा अपने ममेरे भाई-बहनों के साथ खेल रही थीं, तो उन्होंने बहुत से रिश्तेदारों को आते हुए देखा। दो घंटे बाद घर के बड़े लोगों ने उन्हें अंदर बुलाया, और अपने साथ बैठने को कहा।

'और अचानक से मेरी माँग भर दी, गहने-कपड़े दे दिए।'

उषा गहरे सदमे में थीं। सारा मामला 10 मिनट में निबट गया था। इससे पहले कि वो कुछ समझ पातीं, सब लोग जा चुके थे।

उषा ने तो अपने होने वाले 'पति' को देखा तक नहीं था। *'किसी ने बताया कि वो आर्मी में है। इसलिए लड़के की माँ ने माँग भर दी।'*

उषा ने जब ये सुना तो वो जोर से चिल्लाने लगीं।

'मैं शादी नहीं करूँगी! मुझे अभी पढ़ना है!'

किसी ने उन पर ध्यान नहीं दिया। उन्होंने सोचा कि वो कुछ दिनों में लाइन पर आ जाएँगी। जब उनका परिवार चित्तौड़गढ़ लौट आया, तो उषा ने अपने माता-पिता से बात करने की कोशिश की। लेकिन वो सुनने के लिए तैयार ही नहीं थे।

'मना किया तो कोई और रिश्ता नहीं आएगा। तेरे भाई-बहनों के बारे में सोच!'

लेकिन उषा भी मानने को तैयार नहीं थीं। उनकी जिद की वजह से शादी नहीं हो पाई। उसी समय—हालाँकि वो तब काफी छोटी थीं—उषा ने तय किया कि उन्हें आर्थिक रूप से आत्मनिर्भर होना होगा।

'अगर मैं कमाऊंगी तो मेरे साथ जबर्दस्ती नहीं हो सकती।'

तो, 11वीं क्लास में उषा ने नौकरी कर ली। पहले उन्होंने अपने ही स्कूल में नर्सरी क्लास के बच्चों को पढ़ाना शुरू किया। फिर वह अपने पड़ोस के बच्चों को ट्यूशन भी पढ़ाने लगीं। जल्दी ही उन्हें एक कुरियर कंपनी में एडमिन की नौकरी मिल गई।

इस सबके बावजूद, उषा अपनी पढ़ाई जारी रखते हुए शाम को स्कूल में पढ़ने जातीं और फिर डिस्टेंस लर्निंग के जरिये अपनी स्नातकोत्तर की पढ़ाई भी पूरी की।

उन सात-आठ सालों के दौरान, ग्यारहवीं क्लास से एमए हिंदी लिटरेचर तक, उषा सुबह 6 बजे घर छोड़ देतीं और रात के 10 बजे घर वापस पहुँचतीं। तब तक घर में सब सो चुके होते थे। किसी आदमी का ध्यान अपनी ओर खींचने से बचने के लिए, और अफवाहों पर ताला लगाने के लिए उन्होंने एक अनोखा तरीका खोज लिया था।

'मैं सिम्पल कपड़े पहनती थी, बाल में तेल, और टाइट-टाइट चोटी बनाती थी।'

ताकि कोई यह न कह सके कि उषा किसी अफेयर की वजह से शादी नहीं कर रही हैं। कड़ी मेहनत और दृढ़ता से आख़िरकार उषा ने अपनी एमए पूरी की। इन सालों में उनके मन में महिलाओं के लिए कुछ करने की इच्छा घर कर गई थी। एक सामाजिक कार्यकर्ता बनने की लगन।

'लेकिन मुझे करना क्या चाहिए?' वो सोचतीं।

उन्हीं के जैसी सोच रखने वाली एक दोस्त ने सुझाव दिया, *'एक स्कूल खोलते हैं!'*

उषा को ये आईडिया पसंद आया। तो उन्होंने चित्तौड़गढ़ के पास एक दलित बस्ती में स्कूल खोल लिया। लोग कहते, *'ये कहाँ जाकर स्कूल खोला तुमने!'*

लेकिन उषा और उनकी दोस्त मंजू जोशी अटल थीं। *'जहाँ ज़रूरत लग रही है, हम वहीं स्कूल खोलेंगे।'*

उषा ने लगातार तीन सालों तक मेहनत करके स्कूल को एक कमरे से हर क्लास के अलग-अलग सेक्शन वाले रूप तक पहुँचाया।

लेकिन अभी भी उषा संतुष्ट नहीं थीं। वो बार-बार अपने बारे में सोचा करतीं, *'मुझे कुछ और करना है। मगर क्या?'*

जवाब अख़बार में छपे एक विज्ञापन के रूप में आया: *'आदिवासी महिलाओं और विधवाओं के लिए काम करने वाले एनजीओ को फील्ड स्टाफ की ज़रूरत थी।'*

उषा बमुश्किल ही अपना उत्साह छिपा पा रही थीं। *'अरे, ये तो मेरी पसंद का काम है। ये तो मैं कर सकती हूँ!'*

तो उषा आस्था संस्थान के लिए इंटरव्यू देने पहुँच गईं । वहाँ और भी बहुत से अनुभवी प्रत्याशी आए थे, लेकिन जब उषा का नंबर आया, तो साक्षात्कारकर्ता उनकी ईमानदारी और जोश के कायल हो गए।

'मैंने ईमानदारी से कहा मेरे पास अनुभव नहीं है। मगर कुछ करना चाहती हूँ। महिलाओं की ज़िंदगी बदलने का इरादा है।'

उन्हें जॉब मिल गई!

उषा आसमान पर थीं। लेकिन एक अड़चन थी—नौकरी उदयपुर में थी। वो अपने पेरेंट्स से वहाँ जाकर रहने की इजाज़त कैसे माँगतीं?

लेकिन ये उनके लिए बहुत बड़ा मौका था, और वो इसे ज़ाया नहीं होने देना चाहती थीं। बहुत मेहनत से उन्होंने अपने घरवालों को मनाया और आख़िरकार अपनी मंजिल की तरफ बढ़ गईं ।

उदयपुर में उषा ने खुद को काम में झोंक दिया। दिन और रात, वो या तो ऑफिस में होतीं या 'फील्ड' पर। दरअसल उनके कोर्डिनेटर को उनसे कहना पड़ा, *'छह महीने हो गए हैं और तुमने छुट्टी नहीं ली। अब तुम घर जाओ!'*

लेकिन उषा ने रुकने का नाम नहीं लिया। वो वहाँ अपनी नौकरी को 'जीने' आई थीं, न सिर्फ करने।

आस्था संस्थान में, उषा बहुत से कैम्पेनों से जुड़ी थीं—एकल और विधवा महिलाओं की मदद से लेकर उन्हें साक्षरता के अधिकार के बारे में बताने तक।

आख़िरकार, उषा को समझ आ गया कि उनकी ज़िंदगी का क्या मकसद है। उन्होंने शादी न करने का फैसला लिया था। जिससे परिवार और पति की ज़िम्मेदारियाँ उनके सपने को पूरा करने की राह में न आ सकें।

लेकिन घर पर दबाव बढ़ता जा रहा था। उनकी माँ भावनाओं का वास्ता दे रही थीं, फिर गुस्से से काम लिया और फिर आखिरकार बात कुछ ज़्यादा ही बिगड़ने लगी।

उषा बार-बार अपनी बात समझाने की कोशिश कर रही थीं: *'शादी नहीं करना मेरी चॉइस है।'* इसका सम्मान करना चाहिए! लेकिन उनकी बातों से किसी पर असर नहीं पड़ रहा था। आख़िरकार, एक दिन, उनका भाई बचाव में आया।

'मम्मी, आप हर बार क्यों दीदी के साथ लड़ाई करती हैं?'

'इसने शादी नहीं की तो तुम लोगों की शादी कैसे होगी?'

'अगर शादी नहीं होगी तो कोई बात नहीं। हम चारों कुंवारे रह जाएँगे, मगर दीदी को मत परेशान करो।'

उषा की माँ ख़ामोश रह गईं । वो समझ गई थीं कि भाई-बहन एक थे, और कोई उन्हें उनके मन की सुनने से नहीं रोक सकता था।

आख़िरकार उषा की माँ ने ख़ामोशी से अपनी बेटी की पसंद को स्वीकार कर लिया।

उषा पांच साल तक आस्था के लिए काम करती रहीं। इस दौरान उन्हें देश-विदेश में सम्मलेन और प्रशिक्षणों में भाग लेने के बेहतरीन मौके मिले। जहाँ उन्हें अपनी जैसी सोच वाले, जुनूनी लोग मिले। गहन चर्चाओं के दौरान वो इस नतीजे पर पहुँचे कि युवाओं के साथ काम करके ही समाज में बदलाव लाया जा सकता है। फिर एक दिन उषा के दोस्त किरण और योगेश (आस्था संस्थान के उनके सहकर्मी) ने मानो उनके ही मन की बात सामने रख दी। *'चलो अपन यूथ के लिए काम करते हैं।'*

किरण युवा लड़कियों के एक ग्रुप से मिली थीं, जिन्होंने सूखा प्रभावित क्षेत्रों के लोगों के लिए फंड जुटाने के लिए एक नाटक बनाया था। लेकिन उनके घरवालों ने उन्हें सबके सामने अभिनय करने से मना कर दिया था। उषा, योगेश, किरण और एक अन्य मित्र राजकुमार तुरंत उन लड़कियों से मिलने बाड़मेर गए।

'हमारे साथ हमेशा ऐसा ही होता है। कोई कुछ करने नहीं देता। दीदी, आप कुछ हेल्प करो।'

उषा उनका दर्द समझ सकती थीं।

तो उन चारों ने मामले को अपने हाथ में ले लिया। उन्होंने सारी लड़कियों को इकट्ठा किया और एक छोटे से कमरे में बैठाया। एक मार्कर से उन्होंने कमरे के दरवाजे पर लिख दिया, 'मिशन प्लान'।

'लड़कियों के साथ हम तीन दिन तक बैठे। तब विकल्प नाम निकला।'

विकल्प मतलब 'पर्याय'। सोचने का एक नया रास्ता, जहाँ लड़कियाँ आज़ादी से रह सकती थीं। *'और दौड़ पड़े हम सब रेस में, बिना चप्पल और जूते।'*

अपने पैसों से उषा, किरण और योगेश पूरे भारत के 'रिसर्च' ट्रिप पर निकल पड़े। वो नए जोश और उत्साह के साथ लौटे—कुछ नया करने के लिए।

लेकिन उन्हें जल्द ही समझ आ गया कि सबसे बड़ी समस्या थी—फंड। जो उनके पास नहीं था। तो उनमें से एक को नौकरी करनी थी, जबकि बाकियों को विकल्प का काम आगे बढ़ाना था।

दो साल तक उषा ने कई एनजीओ में काम किया। वो जो भी पैसा कमातीं, उसका बड़ा भाग हर महीने विकल्प को देतीं। इस दौरान, योगेश बाड़मेर जिले के गाँवों की 20-25 लड़कियों के साथ काम कर रहे थे।

छुट्टियों में उषा बाड़मेर आतीं और अपनी काली मोटरसाइकिल पर गाँवों की सड़कों पर घूमतीं। लड़कियाँ उन्हें दूर से घूरा करतीं—उन्होंने पहले कभी ऐसा कोई नहीं देखा था!

ये छोटे बालों और स्टाइल वाली दीदी।

धीरे-धीरे, वो हिम्मत जुटाकर उषा से बात करने लगीं। और उषा उन्हें विकल्प द्वारा शुरू किए यूथ रिसोर्स सेंटर पर आने के लिए प्रेरित करने लगीं। सेंटर पर किताबें, पत्रिकाएं और अख़बार थे, और कला और दस्तकला की वर्कशॉप भी होती थीं।

कुछ पढ़ेंगे, समझेंगे तभी तो मेंटेलिटी बदलेगी।

आख़िरकार, उषा ने नौकरी छोड़कर फुल टाइम के लिए विकल्प ज्वाइन कर लिया। अब तक शुभचिंतक भी उनके लिए फंड जुटाने लगे थे।

'हमने लोगों को बोल दिया था कि हम पैसे नहीं लेंगे। आपको मदद करनी है तो आप बाइक में पेट्रोल डलवा सकते हैं, टी-शर्ट का पैसा दे सकते हैं, या पोस्टर प्रिंटिंग के पैसे दे सकते हैं।'

वो लड़कियाँ जो कभी उषा को दूर से घूरा करती थीं अब कैम्पेन में भाग लेने लगी थीं। वो शैक्षिक कॉमिक्स और पोस्टर बनाकर एक गाँव से दूसरे में नारे लगाते हुए जातीं। उनके एक कैम्पेन का नाम था *'अपनी डीकरी नो हक'*, यानी *'अपनी बेटी*

लड़कियों को जब अपने पंखों पर उड़ने
का मौका मिलेगा तब ही समाज में
बराबरी आएगी।

का अधिकार'। ये एक जागरूकता बाइक रैली थी, जहाँ राजस्थान के तीन जिलों के 80 युवक-युवतियों ने भाग लिया था।

'हमारा वो कैम्पेन बहुत सफल रहा था।'

एक आदमी ने आकर कहा भी कि उस पर बेटा पैदा करने का दबाव होने के बावजूद वो अब बस अपनी दो बेटियों से ही संतुष्ट रहेगा।

कैम्पेन पांच-छह दिन चला। लेकिन ये उषा और विकल्प दोनों के लिए एक बदलाव का पल था।

आठवीं पास लड़कियों का एक समूह, जिन्होंने रैली में भी हिस्सा लिया था, उषा के पास आकर कहने लगा।

'हमें घर नहीं जाना,' वो चिल्ला रही थीं।

उषा हैरान थीं। *'क्यों नहीं जाओगी?'*

'हम पढ़ना चाहते हैं। अभी हम घर गए तो हमारी शादी हो जाएगी।'

उषा सकते में थीं। *'मुझे ऐसा लगा जैसे मेरी लाइफ ने मुझे वापिस से करंट मारा—जो इतने साल पहले मेरे साथ हुआ, ये वही हो रहा है।'*

उस ग्रुप में कुछ लड़कियों की पहले ही शादी हो चुकी थी, जबकि बाकियों की जल्दी ही पक्की होने वाली थी। तो उषा ने उनसे वादा किया: *'हम आपको पढ़ाएंगे और शादी नहीं होने देंगे। जिनका बाल विवाह हो गया है, उन्हें ससुराल नहीं जाने देंगे।'*

बाड़मेर के पिछड़े हुए जिले में ये वादा करना आसान नहीं था। लेकिन उस दिन से विकल्प का ध्यान बाल विवाह पर रोक लगाने पर केंद्रित हो गया।

पहले, उन्होंने गाँवों में रहने वाली सभी लड़कियों का सर्वे किया कि उनमें से कितनी लड़कियाँ अभी स्कूल में थीं। *और अगर ड्रॉप आउट हैं तो इसका बाल विवाह से क्या कनेक्शन है।*

'फिर समझ आया कि अगर शिक्षा बढ़ेगी तो बाल विवाह घटेंगे।'

उस समय गाँवों में आठवीं से आगे के स्कूल नहीं हुआ करते थे। और घरवाले आगे की पढ़ाई के लिए अपनी बेटियों को दूसरे गाँव में नहीं भेजना चाहते थे। दरअसल जो लड़कियाँ उषा के पास आई थीं वो भी दो-तीन साल पहले स्कूल छोड़ चुकी थीं।

उषा और उनके सहकर्मियों को अभिभावकों को बहुत समझाना पड़ा। इस तरह वो 50-60 लड़कियों को स्टेट बोर्ड एग्जाम में दाखिला दिलवा पाए।

अगली समस्या थी कि उन्हें पढ़ाएगा कौन? उषा ने गाँव की टीचर से लड़कियों को एक्स्ट्रा ट्यूशन पढ़ाने की गुजारिश की। लेकिन वो राजी नहीं हुई।

तो विकल्प की टीम ने कैम्पेन में भाग लेने वाले लड़कों को प्रेरित किया कि वो अपनी बहनों की मदद करें। किस्मत से ये योजना काम कर गई। और धीरे-धीरे बदलाव आने लगा।

एक उदाहरण था—एक भाई-बहन थे। दोनों दसवीं क्लास में थे। लड़के को सेकंड क्लास मिला, जबकि लड़की फर्स्ट क्लास से पास हुई। इसके बावजूद घरवाले लड़की की शादी कराना चाहते थे।

वो लड़का विकल्प के यूथ ग्रुप से जुड़ा था। उसने अपने घरवालों से कहा, *'मैं पढ़ के क्या करूँगा? दीदी के साथ आप मेरी भी शादी करवा दो।'*

माता-पिता के पास बोलने को शब्द नहीं थे, लेकिन इस तरह से लड़की की शादी रुक गई। बाद में दोनों भाई-बहन को आगे की पढ़ाई के लिए बाड़मेर भेजा गया।

युवा लड़के-लड़कियों को पढ़ाने की विकल्प की कोशिशें रंग लाने लगीं। 10 लड़कियों के जिस ग्रुप को उषा ने मदद का वादा किया था, उन्हें चार महीनों तक विकल्प के ऑफिस में रहने की इजाज़त मिल गई। विकल्प की टीम ने कोचिंग क्लास, वर्कशॉप और फ़िल्में दिखाने का बंदोबस्त कराया।

लड़कियों ने काफी सीखा और उषा देख पा रही थीं कि उनमें अब आत्मविश्वास आ गया था। लेकिन जब इम्तेहान का नतीजा आया तो वो सन्न रह गईं। सारी लड़कियाँ फेल हो गई थीं!

ये कैसे हुआ? अब क्या कहेंगे इनके घरवालों को?

टीम का उत्साह ठंडा पड़ गया। लड़कियाँ ख़ामोश थीं जबकि अभिभावक नाराज। दो-तीन महीनों तक विकल्प ने अपने सारे काम बंद कर दिए।

वो जानते थे कि ये समय आत्ममंथन का है। ये जानने का कि क्या गलत हुआ था।

आख़िरकार उन्हें अहसास हुआ कि लड़कियों ने काफी पहले स्कूल छोड़ दिया था; वो इतना दबाव झेल नहीं पाईं । लेकिन एक असफलता को दुनिया का अंत नहीं माना जा सकता। *चलो फिर से कोशिश करते हैं।*

तो वो वापस मैदान में आ गए और एक बार फिर से अभिभावकों को फॉर्म भरने के लिए मनाया। 100 से ज़्यादा लड़कियों ने नामाँकन भरा था। इस बार उन्हें अपने घर से ही पढ़ाई करनी थी।

लेकिन लड़कियों के मन में कुछ और ही चल रहा था...

एक दिन कब्बु, हाथु, सशि और उनकी दूसरी सहेलियाँ विकल्प के परिसर में आईं, और सीढ़ियां चढ़कर खुद को एक कमरे में बंद कर लिया।

उषा और उनकी सहकर्मी कुसुम ने एक-दूसरे को देखा। *अरे, ये लड़कियाँ क्यों आई हैं?*

लड़कियों ने कहा, *'हमें पढ़ना है, और आप ही के साथ। हम घर वापस नहीं जाएँगे!'*

ये उषा के लिए गर्व का दिन था। बहुत संघर्षों के बाद लड़कियाँ आत्मविश्वास से अपनी बात रखने लगी थीं। वो अपनी चाहत के लिए लड़ने लगी थीं।

तो उषा ने एक बार फिर से वादा किया। *'हम आपको घर नहीं भेजेंगे।'*

और इस बार, सारी 10 लड़कियाँ पास हो गईं !

आज उनमें से कई लड़कियों ने बीए या बीएड कर लिया है। वो टीचर, नर्स और आंगनवाड़ी कार्यकर्त्ता के रूप में काम कर रही हैं। और उनमें से किसी ने भी 18 साल की होने से पहले शादी नहीं की।

पिछले 10 सालों में, बाड़मेर जिले में काफी बदलाव आए हैं। 8,000 से ज़्यादा लड़कियों को बाल-विवाह से बचाया गया है, 10,000 लड़कियों का नाम उच्च शिक्षा में लिखवाया गया और 1,600 घरेलू हिंसा पीड़ितों को काउंसलिंग दी गई। उषा और उनकी विकल्प की समर्पित टीम कई बार बीच में आई, घरवालों को समझाया, लड़के-लड़कियों को पढ़ाया और रैली व कैम्पेन के जरिए जागरूकता फैलाई। विकल्प ने पार्लर वालों, डेकोरेटर्स और मेकअप आर्टिस्ट को भी शिक्षा दी, जिन्होंने बाल विवाह रोकने में महत्वपूर्ण योगदान दिया। उनमें से बहुत से लोग अब गाँव में होने वाली ऐसी किसी शादी की खबर उषा और उनकी टीम को दे देते हैं।

उषा की ज़िंदगी का एक ही नियम है: *'अगर मेरी ज़िंदगी बदली है तो मेरी एक ज़िम्मेदारी है कि मैं दूसरों की ज़िंदगी बदलूं।'*

और धीरे-धीरे, लेकिन निश्चित रूप से, वो अपने आसपास की दुनिया बदल रही हैं। और बदलाव करने वालों की एक पीढ़ी को भी तैयार कर रही हैं।

दु:ख से सुख

मीना लाहरे
कोरबा, छत्तीसगढ़

पति पीता है, बीवी सहती है— ये घर-घर की कहानी है। लेकिन मीना लाहरे ने इसे मानने से इनकार कर दिया। अपनी सोच और समझदारी से, वो पूरी फैमिली को लाइन पे ले आई।

एक सुबह, तड़के ही मीना लाहरे का फोन बजा। फोन के दूसरी तरफ उनकी माँ थीं। *'मुझे यहाँ से ले जा,'* वह रो रही थीं। *बस उसी वक्त मीना ने तय कर लिया कि अब और सहना नहीं।*

कोरबा, छत्तीसगढ़ के छोटे से कस्बे में बड़ी होते हुए मीना बस एक ही सच जानती थीं: *आदमी जुल्म करते हैं, और औरतें चुपचाप सहती हैं। मायका हो या ससुराल, दोनों परिवारों में इज़्ज़त नहीं मिलती।*

बढ़ती हुई मीना का परिवार भी समुदाय के दूसरे परिवारों से अलग नहीं था। आदमियों का एक ही काम था, पीना और मारपीट। मीना के पिता का नाम बहुत बदनाम था। *'कहीं शराब या लड़की देखी तो मन फिसल जाता था उनका।'*

जब मीना पांच साल की थीं तो उनके पिता घर पर अपनी दूसरी पत्नी को लेकर आ गए। मीना की माँ ने इसे शांति से स्वीकार कर लिया। *और करें भी क्या?* वो आर्थिक और सामाजिक रूप से अपने पति पर निर्भर थीं। लेकिन मीना जानती थीं कि ये पूरी तरह गलत था।

दूसरी बीवी के घर छोड़कर जाने के बाद भी उनके हालात में कोई फर्क नहीं पड़ा। मीना के पिता अभी भी दूसरी औरतों से चक्कर चलाते और यहाँ तक कि बड़ी बेशर्मी से अपनी बीवी से भी इसमें मदद करने को कहते। *'कोई औरत उनको पसंद आ जाए तो मेरी माँ को बोलते थे, तू उसको मेरे लिए लेकर आजा। ऐसे ही सीधे-सीधे।'*

उन्होंने मीना को भी नहीं छोड़ा। वो जब आठ साल की ही थीं, तभी उनके पिता उन्हें अपने लिए शराब खरीदने भेजा करते। उस घटिया से ठेके पर मीना वो सब कुछ जान चुकी थीं जो उनकी उम्र के बच्चे को नहीं जानना चाहिए था। *'कभी कुछ बोलते थे, कभी छूते थे। वो सब काम जो एक लड़की को शोभा नहीं देते उस उम्र में, वो सब करवाते थे।'*

जब वो 15 साल की हुईं, तो उनके परिवार ने उनकी शादी की बात करनी शुरू कर दी। उनकी बड़ी बहन की शादी 13 साल की उम्र में हो चुकी थी और अब हर किसी को मीना की बढ़ती उम्र की चिंता थी। किसी का भी ध्यान इस बात पर नहीं था कि उनकी बड़ी बहन को उसका पति रोज मारता-पीटता था। *ये तो हर घर की कहानी थी।*

तो मीना को उसकी मौसी के घर बालको में भेज दिया गया। उनकी मौसी का काम उसे अपने घर में सुरक्षित रखते हुए उसके लिए एक अच्छा रिश्ता ढूंढ़ना था। लेकिन यहाँ मीना अपने मौसा के लालच की बलि चढ़ गई। *'मेरे मौसा जी का भी*

कैरेक्टर ठीक नहीं था। उनकी भी नीयत ख़राब हो गई मेरे पर। तो उन्होंने भी मेरा शोषण करने की कोशिश की।'

इससे मीना को बड़ा सदमा लगा। वो अपनी पढ़ाई पर भी ध्यान नहीं दे पाईं और दसवीं क्लास में फेल हो गईं। जब उन्होंने अपनी माँ को इस बारे में बताया तो उन्होंने उसे चुप रहने की सलाह दी।

मीना की माँ को डर था कि इसकी वजह से परिवार में फूट पड़ जाएगी। और एक लड़की की बातों पर कौन यकीन करेगा।

बस अब तो शादी करवा के मीना को अपने घर भेज दो।

तो एक बार फिर से मीना के लिए लड़का ढूंढ़ने की तलाश शुरू हो गई। इस बार मीना को ऐसे परिवार से मिलवाया गया जो उन्हें पसंद करता था। उनका बेटा चाल-चलन से 'आवारा' था, पर 'परिवार अच्छा था, तो हां बोल दी।'

अपने परिवार की दूसरी महिलाओं की तरह ही, मीना जानती थीं कि उन्हें भी उन्हीं मुसीबतों का सामना करना पड़ेगा। उनका पति शराबी, जुआरी था और हर रात घर पर लेट आया करता था। शादी के बाद, जल्दी ही मीना दो बेटियों की माँ बन गईं, लेकिन उनके पति ने परिवार की कोई ज़िम्मेदारी नहीं संभाली। अगर कुछ बोला तो मारपीट भी देता था।

लेकिन मीना मजबूत थीं। वो जानती थीं कि अपना जीवन खुद ही सुधारना है। किस्मत से मीना के ससुर ससुराल में उनका बड़ा सहारा थे। उनके ससुर समझते थे कि उनके बेटे की वजह से मीना को कितनी ठेस पहुँचती है। तो उन्होंने फैसला लिया *कि बेटे को सुधारने का एक ही रास्ता है: घर से बाहर निकलो और अपने पैरों पर खुद खड़े रहने दो।*

जब सपोर्ट सिस्टम नहीं रहा तो मीना के पति को अक्ल आई। वो समय मीना के लिए बहुत मुश्किल था। परिवार के पास पैसे नहीं थे, और मीना को अक्सर बच्चों को खाना खिलाने के लिए वापस ससुराल जाना पड़ता था।

तीन साल के बाद, हालात आखिरकार मीना के लिए बदलने लगे। उनके पति एस बी कश्यप नाम के जिला अध्यक्ष के दोस्त बन गए, जो उन्हें बस्ती से निकालकर बीजेपी के यूनियन ऑफिस क्वार्टर में ले आए।

और जब नगर निगम की शेड्यूल कास्ट प्रतियोगी के लिए आरक्षित सीट की बात आई तो उन्होंने चुनाव लड़ने के लिए मीना के नाम का सुझाव दिया। अब उनके पति भी उनका साथ देने लगे।

'माँ, बोलने वाले बोलते रहेंगे। जो बोलता है, वो खिलाता नहीं!'

'भाग्यवश, किस्मत से कहिये,' मीना ने सीट जीत ली।

ज़िंदगी में पहली बार मीना को अपने प्रति सम्मान महसूस हुआ। ऐसा सम्मान जो कभी उनकी माँ या बहन को नहीं मिला था।

उन्होंने पहला काम अपनी घरेलू समस्या सुलझाने का किया। *'मिस्टर को बोला कि आप बाहर ड्रिंक करना छोड़ दो। अब मैं पार्षद हूँ, इज़्ज़त है, आप बाहर ड्रिंक मत करो इतना।'*

किस्मत से, उनके पति ने उनकी बात मान ली।

अब रोज का चिल्लाना, लड़ाई और मारपीट बंद हो गई। *'और घरवाले, ससुराल वाले सब कहने लगे कि बेटा तुम्हारी वजह से ही ये सुधरा है।'* यहाँ तक कि दूसरी महिलाएं भी उनसे मदद लेने के लिए आने लगीं। वो उन्हें समझातीं, शराब से लड़ने वाले एनजीओ तक पहुँचातीं।

लेकिन मीना के लिए उनकी सबसे बड़ी उपलब्धि अपनी माँ की मदद थी।

पति के छोड़कर जाने के बाद, अब बेटे और बहू उनकी माँ का शोषण करने लगे थे। *'भाभी हमारी जो थी, खूब टॉर्चर किया माँ को। सबके लिए खाना लगाती, पर उनको नहीं पूछती थी कि खाया कि नहीं। उसके कपड़े अलग से उसी से धुलवाती थी। नाना प्रकार से टॉर्चर करती थी।'*

जब ये सब वो और नहीं झेल पाईं तो मीना की माँ ने उन्हें चुपके से फोन किया। जल्दी सुबह का समय था। घर के सभी लोग सो रहे थे।

फोन पर वो फूट-फूटकर रोने लगीं। उन्होंने कहा कि 50 सालों तक ऐसे जीने के बाद अब वो और नहीं झेल पा रहीं हैं। मीना ने दोबारा नहीं सोचा। वो तुरंत अपने भाई के घर से माँ को लाने के लिए चल दीं।

शाम तक उनकी माँ अपने नए घर में थीं। उनके पति या ससुराल वालों ने कोई आपत्ति नहीं की। पर मीना की माँ बेटी के घर में रहने में हिचकिचा रही थीं। क्योंकि लोग क्या कहेंगे।

जब माँ ने अपनी ये शंका मीना को बताई तो, मीना ने अपनी माँ से सिर्फ यही कहा: *'माँ, बोलने वाले बोलते रहेंगे। जो बोलता है, वो खिलाता नहीं!'*

मीना के विश्वास ने उनकी माँ को राजी कर लिया। अब वो वाकई में एक खुशहाल घर में रह रही हैं। जहाँ शांति है, इज़्ज़त है और प्यार।

'अभी तो वो मेरे मिस्टर को ही बेटा मानती हैं। कभी लड़ाई होती है तो उनकी साइड ही हो जाती हैं। मेरी सास के साथ भी दोस्ती से ही है।'

मीना की हिम्मत ने उनके परिवार से गाली-गलौच के माहौल को बंद किया। ऐसी दुनिया में जहाँ माता-पिता बेटे को *बुढ़ापे की लाठी मानते हैं, एक बेटी ने अपनी और अपनी माँ की ज़िंदगी बदल दी।*

मेरी मॉम

छाया सोलंकी
चांदखेड़ा, गुजरात

'विधवा अपशकुन होती है—शादी में मत बुलाओ।' जब छाया सोलंकी की विधवा माँ उनकी शादी में भाग नहीं ले पा रही थीं, तो छाया ने उनके लिए खड़े होने का फैसला किया। क्योंकि माँ के हक के लिए लड़ने से ज़्यादा क्या जरूरी है?

छाया सोलंकी ने पैकिंग फाड़कर अपनी शादी की साड़ी के नरम कपड़े को छुआ। *'मैं दुनिया की सबसे खुशकिस्मत लड़की हूँ।'* उन्होंने अपने मन में सोचा।

जल्द ही, उनकी शादी अपने सपनों के राजकुमार से होने वाली थी।

लेकिन इस बड़ी-सी मुस्कान के पीछे संघर्षों की लंबी कड़ी थी। उनके परिवार को इस शादी के लिए राजी करना आसान नहीं था।

'कुंडलियां नहीं मिल रहीं, तेरी ज़िंदगी में प्रॉब्लम आ जाएँगी...'

उनकी माँ शादी के लिए तैयार हो गई थीं, लेकिन उनके भाई समस्याएं खड़ी कर रहे थे।

'लव मैरिज मतलब पता नहीं क्या थी उनके लिए...'

यहाँ तक कि उन्होंने अजय को बुलाकर धमकाया भी कि अगर उसने शादी से मना नहीं किया तो उसे इसके बुरे परिणाम भुगतने पड़ेंगे। आख़िरकार छाया ने हिम्मत जुटाकर अपने भाइयों को बता ही दिया कि वो उनके दबाव के आगे नहीं झुकेंगी।

'उनसे कह दिया मैंने कि शादी करूँगी तो इनसे ही करूँगी। इनसे प्यार किया है, दूसरे से शादी कैसे कर लूँ?'

हार कर, छाया के भाइयों ने शादी के लिए अपनी सहमति दे दी—और शादी कि तैयारियां शुरू हो गईं।

'फाइनली, इतना सब होने के बाद, मेरी शादी हो रही है!' सिर्फ छाया ही जानती थीं कि इस सुंदर साड़ी के उनके लिए क्या मायने थे। वो पूरे चांदखेड़ा की सबसे खुशनसीब दुल्हन बनने जा रही थीं।

छाया ने सिर उठाकर देखा तो पाया कि उनकी माँ दरवाजे पर खड़ी मुस्कुरा रही थीं। *'देखो मेरी सुंदर साड़ी!'* होने वाली दुल्हन खिलखिलाई।

उनकी माँ के चेहरे के भाव बदल गए।

'तेरी शादी वाले कपड़े मुझसे दूर ही रख, वो सारे मेरे पास मत ला,' उनकी माँ ने कहकर अपना चेहरा घुमा लिया।

'मतलब क्यों? ...क्यों नहीं छू सकतीं, वो तो बताओ!'

हकीकत सुनकर छाया सदमे में रह गईं।

'मैं एक विधवा हूँ। मैं अपशकुन हूँ।'

तब छाया को गहरा सदमा पहुँचा। विधवा होने के तौर पर उनकी माँ को ऐसी रस्मों में जाने की इजाज़त नहीं थी। वो पीठी रस्म के दौरान हल्दी नहीं लगा सकती थीं। वो दुल्हे का और उसकी बारात का स्वागत नहीं कर सकती थीं। दरअसल उन्हें तो मंडप के पास जाने की भी इजाज़त नहीं थी।

वास्तव में उन्हें ऐसी एक भी रस्म करने की इजाज़त नहीं थी, जो गुजरात की शादियों में दुल्हन की माँ करती थी।

उनके देवर और देवरानी कन्यादान करने वाले थे।

'पापा तो हैं नहीं, मॉम भी मेरी शादी में शामिल नहीं हो सकती थीं।'

छाया को सबसे ज़्यादा परेशान ये बात कर रही थी कि उनकी माँ ने खुद इसे मान लिया था।

'वो खुद ये सब मानना नहीं चाहती थीं, अंदर से। ये सच है। उनको भी अच्छा नहीं लगता, लेकिन क्या करें? बोले रीति रिवाज हैं, करना पड़ता है।'

उन्हें त्याग करने की इतनी आदत पड़ गई थी कि उन्होंने ये नियम बिना किसी सवाल के स्वीकार कर लिए थे। सब समाज के नाम पर, जो बिना किसी बात के विधवाओं के साथ बुरा व्यवहार करता रहा था।

दरअसल, छाया और अजय जिस वानकर जाति के थे वो आर्थिक और शैक्षिक रूप से उतनी पिछड़ी हुई भी नहीं थी। अजय बताते हैं, *'बहुत से लोग पढ़े-लिखे हैं—डॉक्टर्स, इंजीनियर्स हैं। लेकिन फिर भी उनकी सोच पिछड़ी हुई है।'*

छाया को याद है कि कैसे उनकी माँ को पिता की मौत के बाद गाँव की गली की सफाई करनी पड़ी थी। मातम के समय में रोज सुबह उनसे ये कराया गया।

'बोले उनके पैर के निशान वापस आते हैं। तो फिर अच्छा नहीं होता, इसलिए झाड़ू लगवाते हैं।'

समाज के ऐसे बहुत से नियम हैं, जो सिर्फ विधवा को शर्मिंदा करने के लिए ही होते हैं।

विधवा को घर से बाहर नहाना पड़ता है।

उसकी चूड़ियों को हाथों में लोहे की छड़ मारकर सबके सामने तोड़ा जाता है।

उसमें उनके हाथों से खून तो निकलता ही है, कभी-कभार गंभीर चोट भी लग जाती है। *'उसके हाथ पर लगती है, नहीं लगती है वो किसी को परवाह नहीं है।'*

छाया तब महज 21 साल की थीं और इस सबके खिलाफ आवाज नहीं उठा पाई थीं। लेकिन, उन्होंने अपने तरीके से तब भी विरोध दर्ज कराया था।

उनकी माँ को 12 दिनों तक अपने कपड़े नहीं बदलने थे। *'साफ-सफाई की तो फ़िक्र ही नहीं थी किसी को, बोलते पाप लगेगा, ये...वो...'*

एक रहमदिल रिश्तेदार की मदद से, छाया ने ये सुनिश्चित किया कि उनकी माँ हर रात धुली हुई साड़ी पहने। *'सुबह वापस वो पहले वाली साड़ी पहना देते थे, किसी के उठने से पहले।'*

छाया को अपने इस छोटे से विद्रोह पर गर्व नहीं था लेकिन वो जानती थीं कि वो नाज़ुक समय था। वो कुछ भी कहतीं, उसका नकारात्मक मतलब ही निकाला जाता। लोग कहते: *'बाप मर गया है, पर ये दुनिया को सुधारने का झंडा लेकर घूम रही है।'*

और तो और, उन्हें आखरी रस्में ठीक तरह से निबटवाने के लिए पूरे परिवार की जरूरत थी। ऐसे में खुलकर उन चीजों का विरोध करना समझदारी नहीं होती।

लेकिन अब, चीजें बदल गई थीं। कम से कम छाया तो यही मानती थीं। और उन्होंने तय कर लिया कि ये अन्याय के खिलाफ आवाज उठाने का सही समय था।

'मैं तो चाहती थी कि हर रस्म में मेरी मॉम हिस्सा लें।' लेकिन जल्द ही वो समझ गईं कि वो सालों पुरानी सोच को यूँ रातों-रात नहीं बदल सकती थीं।

'सब बोले तू बहुत जिद्दी है। बहुत सारे लोग बहुत सारी बातें बनाने लगे।' यहाँ तक कि उनकी माँ भी उन बेड़ियों को तोड़ने को तैयार नहीं थीं।

'तू ये सब मत कर। सब लोग वापस चले जाएँगे, कोई साथ खड़ा नहीं होगा, ये... वो... फिर कैसे होगी शादी?' माँ को कुछ भी कहने का कोई फर्क नहीं पड़ा। छाया को उनका साथ नहीं मिला। वो शादी में भाग तो लेना चाहती थीं, लेकिन बाकी घरवालों को सफाई देने से डर रही थीं।

हालाँकि एक पॉइंट पर छाया पूरी तरह दृढ़ थीं। दूल्हे का स्वागत कर, उसे तिलक लगाने की रस्म उनकी माँ ही निभाएंगी।

'मैं उनकी इकलौती बेटी हूँ। उनका ही हक बनता है।'

तिलक की रस्म गुजराती शादियों की एक महत्वपूर्ण रस्म थी। जब रिश्तेदारों को छाया का इरादा पता चला, तो वहाँ हड़कंप मच गया।

'पाप लगेगा, तेरा पति भी मर जाएगा, लाखों प्रॉब्लम आएंगी तेरी लाइफ में।'

छाया ने सबसे कह दिया कि उन्हें परवाह नहीं है। उन्हें इन बातों पर भरोसा नहीं है। लेकिन उन्हें अहसास हो गया था कि अकेले उनके कहने से कोई फर्क नहीं पड़ने वाला था। अजय का साथ मिलने से ही उनकी योजना सफल हो सकती थी।

उन्होंने अजय से साफ-साफ पूछ लिया कि क्या उन्हें एक विधवा माँ के हाथों तिलक करवाने से कोई परेशानी थी। अजय बताते हैं कि उन्हें इससे कोई दिक्कत नहीं थी।

'दरअसल, मेरी खुद की मॉम भी विधवा हैं, मेरे पिता 25 साल पहले चल बसे थे। तब मैं 5 साल का था। तो, मैंने भी ये सब देखा था... इस समाज में क्या-क्या सहन करना पड़ता है। ऐसा ही मेरी सास और मेरी माँ के साथ भी हुआ।'

'किसी का पति मर जाए तो उसमें उस महिला की क्या गलती। उसको क्यों इतना टॉर्चर किया जाता है? ये सवाल मैं सबसे पूछना चाहती हूँ।'

और फिर तय हो गया था।

छाया ने परिवार में सबको बता दिया था कि अगर उनकी माँ की जगह कोई और दूल्हे का स्वागत करने पहुँचेगा तो बारात मंडप से वापस चली जाएगी। क्या उन्होंने सच में इसकी तैयारी की थी? या ये सिर्फ धमकी थी?

अजय को यकीन था कि इस धमकी को गंभीरता से लिया जाएगा। दूल्हे के मंडप से लौट जाने का ख्याल ही परिवार के लिए बड़ा सदमा था!

छाया को उम्मीद थी कि अजय का ख्याल सही निकलेगा। लेकिन उनके मन में कुछ डर भी था। और शादी के दिन, उनका डर सच होने लगा।

जब छाया का मेकअप हो गया तो उन्होंने गौर किया कि स्वागत के थाल में कुछ गड़बड़ थी।

उनकी माँ बिल्कुल भी उस थाल को छू नहीं रही थीं—सारा इंतजाम उनकी चाची देख रही थीं। वो तुरंत समझ गईं कि वहाँ क्या हो रहा था।

उन लोगों ने उस चेतावनी को झूठ समझा था।

'इतना बड़ा अपशगुन है। बारात थोड़ी वापस जाएगी।' उस पल में, वो समझ गईं कि उन्हें क्या करना था। अगर उन्होंने अभी दखल नहीं दिया तो, उनकी माँ को कभी उनका हक नहीं मिलेगा।

उन्होंने सबको इकट्ठा किया और कहा कि अगर उनकी माँ को दूल्हे का स्वागत नहीं करने दिया गया, तो वो मंडप में नहीं बैठेंगी।

लोग पहले ही इस सबसे नाराज थे। अब, उन्होंने सारी सभ्यता ताक पर रखकर छाया और उनकी माँ को खूब भला-बुरा कहा।

'तेरी माँ नई विधवा बनी है क्या? ये वो, बहुत सारा सुनाया मुझे।'

हालात उनके साथ नहीं थे, लेकिन छाया ने हौसला बनाए रखा। वो अपनी माँग को लेकर दृढ़ थीं।

ये देखकर कि छाया अपना मन बदलने को तैयार नहीं थीं, उनके रिश्तेदारों ने आखिर उन्हें उनके हाल पर छोड़ दिया। *'बोले कि ठीक है, तू है, तेरी प्रॉब्लम है, तू सॉल्व कर ले।'*

अजय को याद है अपनी सास को आरती के थाल के साथ देखकर वो कितने खुश हुए थे। उनकी आँखों में ख़ुशी के आंसू थे। उन्हें याद है कि कैसे पूरी बिरादरी उनसे नाराज थी।

माहौल कुछ ठंडा था। बहुत से लोग आहत हुए थे और उनमें से काफी लोगों के मन में कड़वाहट थी। एक विधवा कैसे ऐसे रिवाज कर सकती थी?

ये एक छोटी लेकिन महत्वपूर्ण जीत थी।

आज, सात साल बाद भी, छाया के उस बहादुरी से उठाए कदम की चर्चा की जाती है। ज़्यादातर लोग अभी भी उंगली उठाते हैं, लेकिन कुछ लोगों ने इस आईडिया को अपना भी लिया है।

लव मैरिज को मान्यता मिलने लगी है, इसका श्रेय छाया और अजय के खुशहाल जीवन को दिया जाता है। बहुत-सी विधवाएं भी अंधेरों से निकलकर समारोहों का हिस्सा बनने लगी हैं।

अजय उदास हैं कि उनकी माँ बारात के साथ नहीं आ पाई थीं लेकिन ये भी अब धीरे-धीरे बदल रहा है।

छाया खुद को ख़ास नहीं मानती हैं। *'मेरे घर में हुआ तो मैंने किया।'*

वो कभी भी खुद को समाज सुधारक नहीं मानती हैं। लेकिन जब उनकी आँखों के सामने अन्याय हो रहा था, वो भी उनकी माँ के साथ, तो वो कैसे उसे स्वीकार लेतीं?

अपने समाज में छाया ने खासा प्रभाव छोड़ा है। वो चाहती हैं कि लोग बोलते हुए कुछ सोचें और विधवाओं के साथ कुछ तमीज से पेश आएं।

'किसी का पति मर जाए तो उसमें उस महिला की क्या गलती। उसको क्यों इतना टॉर्चर किया जाता है? ये सवाल मैं सबसे पूछना चाहती हूँ।'

जब हम अपने अंदर झांकना शुरू करते हैं, तो हमें सचाई का रास्ता भी मिल जाता है। वहाँ सिंदूर का निशान सिर्फ एक लेबल है। जिसे इंसान ने बनाया है, भगवान ने नहीं।

छाया उस दिन के सपने देखती हैं, जब उनकी माँ फिर से रंगीन साड़ी पहन पाएंगी।

जब वो गलियों में मान-सम्मान से चलेंगी।

औरों से अलग नहीं।

मिशन पॉसिबल

राबिया खान

इंदौर, मध्य प्रदेश

'तुम नॉर्मल नहीं हो- तुम कुछ नहीं कर सकोगी।' लोग ऐसा कहते थे, मगर राबिया के वालदैन ने उन्हें इस यकीन के साथ पाला कि कुछ भी पॉसिबल है। जब तक कि तुम्हारे अंदर उसे पाने का संघर्ष करने की तड़प हो। अपने भले के लिए, और दूसरों के भले के लिए।

'जब मैं छोटी थी मेरा विजन लॉस हो गया था।'

चार भाई-बहनों में सबसे छोटी राबिया अपने अब्बू के आँखों का तारा थीं। जब वो डेढ़ साल की हुईं तो उनके घरवालों को अहसास हुआ कि 'कुछ गड़बड़ है'। वो उसे एक डॉक्टर से दूसरे डॉक्टर के पास लेकर गए लेकिन आख़िरकार उन्हें मानना ही पड़ा— *'राबिया की आँखों में जन्म से ही रोशनी नहीं थी।'*

नासिर खान का ट्रांसपोर्ट का सफल बिजनेस था और उनका मानना था कि हर समस्या का एक समाधान होता है।

'राबिया देख नहीं सकती तो क्या हुआ, उसे ज़िंदगी की हर ख़ुशी हासिल हो सकती है।'

सबसे पहले उन्हें अच्छी शिक्षा लेनी होगी। शुरुआत में राबिया ने ब्लाइंड स्कूल में जाना शुरू किया, जहाँ सारे विषय ब्रेल में पढ़ाए जाते थे। लेकिन जब वो छठी क्लास में आईं, तो उनके अब्बू ने उनका दाखिला संयोगितागंज (जगदाले) हायर सेकेंडरी स्कूल, इंदौर में कराने का निर्णय लिया। जो नॉर्मल बच्चों का स्कूल था।

बड़ी मिन्नत के बाद प्रिंसीपल ने ब्लाइंड स्टूडेंट को एडमिशन दिया। लेकिन राबिया को वहाँ टिकने के लिए किसी नॉर्मल बच्चे से डबल मेहनत करनी पड़ी।

'हमेशा मेरी सोच थी कि मैं सबके बराबर रहना चाहती हूँ। मुझे अपने लिए कोई स्पेशल ट्रीटमेंट नहीं चाहिए था।'

चूँकि राबिया बोर्ड नहीं देख सकती थीं तो उन्होंने नोट्स लेने का एक खास तरीका निकाला। वो अपनी दोस्तों की नोटबुक ले जातीं और अपनी बहन को उसमें से पढ़कर सुनाने को कहतीं। तब राबिया हर चीज को ब्रेल में लिख लेतीं और बाद में पढ़तीं।

एग्जाम राइटर की मदद से 10वीं क्लास पास करने के बाद, राबिया ने इस्लामिया करीमिया गर्ल्स हायर सेकेंडरी स्कूल में दाखिला लिया। इस दौरान उनमें कंप्यूटर के प्रति भी दिलचस्पी पैदा होने लगी। स्पेशल परमिशन लेकर राबिया ने लड़कों के लिए चलने वाले ब्लाइंड स्कूल में कंप्यूटर की क्लास लीं। लेकिन कंप्यूटर का कांसेप्ट समझने में उनके भाई जुनैद ने उनकी काफी मदद की।

'वो मुझे पूरा स्क्रीन समझाते थे कि कहाँ क्या लिखा है।'

जॉस सोफ्टवेयर, जो टेक्स्ट को स्पीच में बदल देता था, की मदद से राबिया स्वतंत्र रूप से कंप्यूटर चलाने लगीं।

'कंप्यूटर से मैंने बहुत कुछ सीखा। मुझे एक नई हॉबी मिल गई।'

अब एक कैरियर चुनने का समय आ गया था। राबिया का सपना डॉक्टर बनने का था लेकिन किसी ब्लाइंड इंसान के लिए ये संभव नहीं था। वो 'प्रेक्टिकल्स' नहीं कर सकती थीं।

'मैंने सोचा... जो नहीं हो सकता उसको छोड़ो, जो है उसके साथ आगे बढ़ो।'

राबिया ने लॉ करने का निर्णय लिया। लेकिन बीए-एलएलबी (जिसमें छह साल लगते) करने की बजाय वो 12वीं के बाद होने वाले 5 साल के कोर्स में दाखिला लेना चाहती थीं।

शुरुआत में उनकी अक्षमता के कारण उन्हें दाखिला देने से मना कर दिया गया। विभाग के प्रमुख ने उनसे कहा, *'प्राइम मिनिस्टर भी नहीं करवा सकते तुम्हारा एडमिशन।'*

राबिया के अब्बू ने कहा, *'नियम कहते हैं कि वो योग्य है- आपको इसे एडमिशन देना ही होगा।'*

अपनी दृढ़ता और लगन की वजह से आखिरकार राबिया का फैकल्टी ऑफ़ लॉ, देवी अहिल्या विश्वविद्यालय, इंदौर, में दाखिला हो ही गया। राबिया ने अपनी उम्र की दूसरी लड़कियों की तरह ही कॉलेज लाइफ के मजे लिए।

'मुझे तैयार होने का बहुत शौक है। अपने कपड़े मैं खुद पसंद करती हूँ!'

राबिया के परिवार ने कभी उन्हें बुरका नहीं पहनाया। जबकि वो बहुत समर्पित मुसलमान थे, जो रमजान मनाते थे और दिन में पांच बार नमाज पढ़ा करते थे। रमजान के दौरान परिवार में कुरान का पाठ भी किया जाता था।

राबिया कुरान की ऑडियो सुना करती थीं, लेकिन उनका मन कुरान पढ़ने का था।

'मगर अरबी-ब्रेल में कुरान हमारे भारत में उपलब्ध नहीं थी।'

बहुत पता करने पर, राबिया को मालूम हुआ कि कुरान का ब्रेल संस्करण कराची में छपा था। लेकिन पाकिस्तान से एक किताब मंगवाना जहाँ झंझट भरा था, वहीं महंगा भी। और जब ये कई महीनों बाद आई तो एक नई समस्या सामने आई। राबिया ने ब्रेल इंग्लिश और हिंदी में सीखी थी, लेकिन वो अरबी को ब्रेल में समझ नहीं पा रही थीं। और उन्हें इंदौर शहर में भी कोई नहीं मिला जो उनकी मदद कर पाता।

'फिर हमने दिमाग लगाया कि अलीगढ़ मुस्लिम यूनिवर्सिटी में जरूर कोई प्रोफेसर होगा।'

राबिया और उनके पेरेंट्स तीन बार अलीगढ़ गए लेकिन हर बार उन्हें लौटा दिया गया। अधिकारी सख्त थे और उन्होंने अपॉइंटमेंट तक देने को मना कर दिया। रोज वो

बिल्डिंग के बाहर खड़े रहते। हर शाम, बड़े सर उनके पास से होते हुए गुजरते, अपनी गाड़ी में बैठते और निकल जाते। जैसे कि ये लोग कोई हैं ही नहीं।

जब तक कि राबिया का सब्र जवाब नहीं दे गया। वो उनके पीछे भागीं और जोर से चिल्लाकर बोलीं, *'एक्सक्यूज मी, आपको दो मिनट मेरी बात सुननी होगी!'*

तब आखिरकार राबिया की बात सुनी गई। विश्वविद्यालय ने कहा कि वो ट्यूटर का बंदोबस्त करा देंगे, लेकिन उन्हें रहने का इंतजाम खुद करना होगा। राबिया के अब्बू ने तुरंत होटल गुलमर्ग में कमरा बुक कराया—और वहीं रुक गए।

'मैंने वहाँ दो महीने बहुत मेहनत से पढ़ाई की।'

जब वो इंदौर वापस लौटीं तो अरबी में ब्रेल पढ़ सकती थीं। उन्होंने लॉ की पढ़ाई के साथ अरबी की पढ़ाई भी जारी रखी।

अगले साल, राबिया के परिवार ने हज जाने का मन बनाया। उन सबने जरूरी फॉर्म भरे और तैयारियों में जुट गए।

'मैं बड़ी एक्साईटेड थी कि मुझे भी ये चांस मिल रहा है।'

लेकिन राबिया को बड़ा सदमा लगा जब हज कमिटी का लेटर मिला। उसमें लिखा था: *'आपकी एप्लीकेशन रिजेक्ट की जाती है।'* उन्होंने कहा कि नियम के तहत *'नेत्रहीन श्रद्धालु मक्का नहीं जा सकते।'*

लॉ की छात्र होने के नाते उन्होंने सबूत माँगा।

'अगर ऐसा कोई नियम है तो मुझे उसकी कॉपी दिखा दीजिए।'

कमिटी ने उनकी बातों पर ध्यान नहीं दिया, आखिरकार वो एक लड़की ही थीं, और वो भी ब्लाइंड—क्या कर लेगी? उन्हें पता नहीं था कि राबिया झुकने वाली नहीं हैं।

राबिया ने एक सीनियर वकील की मदद लेने का निर्णय लिया, जो जन हित के मुक़दमे देखते थे। वकील सतपाल आनन्द ने राज्य और केंद्रीय हज कमिटी को चार लाइन का 'अटेंशन लेटर' भेजा। उसी समय, राबिया ने तत्कालीन राष्ट्रपति प्रतिभा पाटिल, भारतीय हज कमिटी की अध्यक्ष और संसद सदस्य मिसेज मोहसिना किदवई को एक ईमेल लिखी।

'बात विदेश मंत्रालय तक पहुँच गई और आखिर मुझे परमिशन मिल ही गई!'

राबिया ने हज का सफर बिना किसी प्रॉब्लम के पूरा किया। उनका दिल नेमतों से भरा था और उन्होंने सोचा, *'मेरे पास परिवार की भावनात्मक और आर्थिक मदद है। लेकिन दूसरे नेत्रहीन लड़के-लड़कियाँ क्या करते होंगे?'*

उनकी सारी इच्छाएं पूरी हो रही थीं—फिर वो चाहे कंप्यूटर सीखना हो या लॉ और अरबी-ब्रेल में कुरान पढ़ना हो। लेकिन हर कोई इतना खुशकिस्मत नहीं है।

'मैंने सोचा कि ब्लाइंड्स के लिए एक सेंटर होना चाहिए।'

जब उन्होंने अपने अब्बू के सामने ये विचार रखा, तो उन्होंने कहा—अच्छा है, चलो इसे करते हैं। प्रोफेसर हलीम खान (इंदौर में इस्लामिक करीमिया सोसाइटी के सचिव) की मदद से नेत्रहीनों के लिए क्वालिटी एजुकेशन सोसाइटी अस्तित्व में आया। सेंटर की शुरुआत स्कूल के ही एक कमरे से हुई।

सवाल था की छात्रों को कैसे खोजा जाए? सामाजिक न्याय और सक्षमता मंत्रालय से एक लिस्ट लेकर राबिया और उनके अब्बू घर-घर गए। *'उनके परिवारों को समझाया, प्रेरित किया कि उन्हें कुछ सीखने के लिए हमारे पास भेजो।'*

राबिया खुद कॉलेज के तीसरे साल में थीं। लेकिन वो किसी तरह समय निकालकर अपनी पढ़ाई के साथ सेंटर पर भी ध्यान दे पा रही थीं। और उनकी मेहनत रंग लाई।

आज, 25 से ज़्यादा छात्र रोज ब्लाइंड के लिए बने मदरसा नूर रिसर्च इंस्टिट्यूट में जाते हैं। इसका संचालन क्वालिटी एजुकेशन सोसाइटी कर रही है।

तौफीक़ जबलपुर से ब्रेल सीखने आया है। और शोएब, जिसने पिछले साल एक दुर्घटना में अपनी आँखें खो दी थीं, कहता है कि राबिया मैडम बहुत अच्छी टीचर हैं। *'मैम बहुत फ्रेंडली हैं और कोई भी प्रॉब्लम हो, उसको हैंडल करना हमें सीखा देती हैं।'*

तनिष श्रीवास्तव एक होशियार लड़का है जो ब्लाइंड स्कूल में पढ़ा करता था। राबिया की कोशिशों से उसे नॉर्मल स्कूल में दाखिला मिल पाया, जहाँ उसका प्रदर्शन बेहतरीन है। *'बच्चा पढ़ाई में इतना अच्छा है कि वहाँ सब लोग बहुत खुश हैं।'*

बहुत से छात्र सेंटर पर अरबी में ब्रेल सीखने आते हैं। लेकिन उसमें एक बड़ी समस्या थी—ब्रेल में कुरान की प्रतियां कहाँ से लाएं? भारत में तब भी कोई संस्करण उपलब्ध नहीं थे। और पाकिस्तान या सऊदी अरब से किताबें मंगवाना बहुत महंगा सौदा था।

तब राबिया को अहसास हुआ कि इसका एक ही समाधान था—यहीं भारत में अरबी कुरान को ब्रेल में कन्वर्ट किया जाए।

'फिर मैंने इस चीज पर काम करना शुरू किया।'

शुरुआत में राबिया ने सोचा कि हर पेज को स्कैन करके सॉफ्टवेयर की मदद से टेक्स्ट को ब्रेल में कन्वर्ट कर दिया जाए। फिर उन्होंने फाइल डाउनलोड करके उसे कन्वर्ट करने की कोशिश की। लेकिन इनमें से कोई भी शॉर्टकट काम नहीं आया।

'इंटरनेट से मेरा फ्रेंड सर्कल दुनियाभर में हो गया है। उनसे मैंने बहुत कुछ सीखा है!'

पूरा काम हाथ से करना पड़ा—अरबी शब्दों को टाइप करके फिर उन्हें डक्सबरी ट्रांसलेशन सॉफ्टवेयर इस्तेमाल करके ब्रेल में कन्वर्ट किया गया।

'किसी तरह जोड़ लिया मगर काम बहुत मुश्किल था!'

कई दिनों तक राबिया कॉलेज या एग्जाम से आकर सीधा कंप्यूटर पर बैठ जातीं और उसके सामने छह से आठ घंटे बिताया करतीं। आख़िरकार, उन्होंने इस प्रोजेक्ट पर ध्यान देने के लिए अपनी पढ़ाई से एक साल का ब्रेक लेने का निर्णय लिया। 10 महीनों की कड़ी मेहनत और कुछ छात्रों की मदद से राबिया कुरान के 30 अध्यायों को अरबी कुरान में कन्वर्ट कर पाईं और उसके छह खंड छपवा लिए।

'बड़े स्तर पर प्रोडक्शन के लिए हमें फंड्स की ज़रूरत है।'

उसी समय राबिया ने अपनी एलएलबी पूरी कर ली और एलएलएम का फॉर्म भरने की तैयारी है। उन्हें देवी अहिल्या विश्वविद्यालय में पार्ट टाइम जॉब भी मिल गई है, जहाँ वो ब्लाइंड छात्रों को सीसीए (सर्टिफिकेट इन कंप्यूटर एप्लिकेशन) की तैयारी करवाती हैं। वो अब तक 50 छात्रों को प्रशिक्षित कर चुकी हैं। और ये सारे काम उन्हें पूरे दिन व्यस्त रखते हैं।

'फ्री रहना मुझे पसंद नहीं, अपना बिजी शेड्यूल मुझे पसंद है!'

राबिया अब कुछ ब्रेक लेती हैं और फेसबुक या व्हाट्सैप पर दोस्तों के साथ चैट करती हैं। दरअसल, अब उनके दोस्त सिर्फ इंडिया में ही नहीं हैं, बल्कि रूस, ऑस्ट्रेलिया, यूएसए और अफ्रीका में भी हैं।

'इंटरनेट से मेरा फ्रेंड सर्कल दुनियाभर में हो गया है। उनसे मैंने बहुत कुछ सीखा है!'

राबिया वो सब कुछ साझा करना चाहती हैं, जो उन्होंने इतने नेत्रहीन छात्रों से सीखा है। वो अपने सेंटर का विस्तार करना चाहती हैं, उसमें हॉस्टल, आधुनिक तकनीक और दूसरी सेवाएं भी उपलब्ध कराना चाहती हैं।

अब जब वो 25 साल की हो गई हैं, तो उनके शादी करके घर बसाने की बातें भी उठने लगी हैं। राबिया इसके लिए तैयार हैं। लेकिन उन्होंने अपने परिवार से कह दिया है कि उनके लिए पढ़ा-लिखा और ब्लाइंड लड़का ही ढूंढ़ा जाए।

'मैं लाइफ पार्टनर ऐसा चाहती हूँ जिसके साथ मेरी अंडरस्टेंडिंग बन सकती है।'

क्या यही हर लड़की नहीं चाहती?

राबिया ने एक नॉर्मल जीवन जीने के लिए बहुत संघर्ष किया है। लेकिन प्रॉब्लम किसकी ज़िंदगी में नहीं है?

अपनी प्रॉब्लम में न फंसो, उससे लड़ो।

आपकी प्रतिबद्धता, भावना, विश्वास के सामने कोई समस्या बड़ी नहीं है!

माँ का प्यार

शीतल भाटकर
मुंबई, महाराष्ट्र

'मेरे साथ ऐसा क्यों हुआ...' शीतल भाटकर के दो साल के बेटे को जानलेवा बीमारी थी। इससे वो बिखर सकती थीं, लेकिन उन्होंने इससे लड़ने का रास्ता चुना। माँ के गहरे प्यार और मजबूत दिल को ये तो करना ही था।

4 मई 2008 को शीतल और विक्रांत भाटकर के घर आर्य का जन्म हुआ। एक प्यारी बेटी के बाद एक क्यूट बेटा—शीतल की छोटी-सी फैमिली कंप्लीट हो गई।

'जन्म के समय से ही उसकी बड़ी-बड़ी प्यारी आँखें थीं।'

शीतल बेहद खुश थीं। वो एक पारंपरिक हैप्पी फैमिली का सपना देखते हुए बड़े हुई थीं—पति, बच्चे और एक प्यारा-सा घर। जब उनकी बड़ी बेटी, प्राचिती का जन्म हुआ तो शीतल ने ख़ुशी-ख़ुशी इंडसइंड बैंक की अपनी नौकरी को छोड़ दिया, और अपनी बच्ची को पालने लगीं। घर और बच्चे को संभालने लगीं।

बाहर से सबकुछ अच्छा दिख रहा था। लेकिन अंदर ही अंदर कोई चिंता शीतल को खाए जा रही थी।

इस डरावने सपने की शुरुआत तब हुई जब वो प्रेग्नेंट थीं। *'मुझे हमेशा से लग रहा था कि कुछ गलत था, कुछ गलत था।'* और वो कुछ भी करके इस भावना को हटा नहीं पा रही थीं।

बच्चे का जन्म बिना किसी दिक्कत के हुआ। लेकिन वो सामान्य रूप से नहीं बढ़ रहा था। डेढ़ साल का होने पर भी आर्य ने अभी चलना शुरू नहीं किया था।

बच्चों के डॉक्टर ने कहा इसमें घबराने की कोई बात नहीं है— *'कुछ बच्चों को चलने में समय लगता है, होता है।'* शीतल ने चैन की साँस लेने की कोशिश की, लेकिन उनके अंदर की माँ कह रही थी— *'कुछ तो गड़बड़ है।'*

आख़िरकार, एक दिन, डॉक्टर ने कहा, *'ओके, आप डॉक्टर बृजेश उडानी से बात कीजिए, वो हड्डियों के जाने-माने डॉक्टर हैं। अगर कुछ गलत हुआ तो वो पता लगा लेंगे।'*

शीतल ने चैन की साँस ली। आख़िरकार, उन्हें कुछ जवाब तो मिला था। शीतल और विक्रांत जल्द से जल्द डॉक्टर से मिल लेना चाहते थे, लेकिन वो बहुत व्यस्त थे। वो उनसे तीन महीने बाद ही मिल सकते थे।

जब डॉक्टर उडानी ने आर्य का निरीक्षण किया तो उनके चेहरे पर चिंता की लकीरें दिखाई दे रही थीं। *'आर्य मुझे अपने पेट पर हाथ लगाने नहीं दे रहा है। पहले उसे सुला दो, मैं फिर उसका चेकअप करूँगा।'*

शीतल और विक्रांत अगले कुछ घंटे वेटिंग रूम में बैठकर बेचैनी से इंतजार करते रहे। जब आखरी मरीज भी चला गया, डॉक्टर उडानी ने उन्हें दोबारा बुलाया।

इस समय उन्होंने आर्य का पूरी तरह चेकअप किया। आख़िरकार, उन्होंने चेहरा उठाकर पेरेंट्स को देखा। उनकी आँखें उदास थीं, और चेहरा थका हुआ।

'मिस्टर एंड मिसेज भाटकर, मुझे आपको ये बतलाते हुए बेहद अफ़सोस... आर्य को "स्टोरेज डिसऑर्डर" है।'

साफ शब्दों में कहें तो, आर्य का शरीर फैट या कोलेस्ट्रोल जैसे लिपिड्स को तोड़ पाने में असमर्थ था। तो वो शरीर के मुख्य अंगों जैसे लीवर, फेफड़े और मस्तिष्क पर जमना शुरू हो गया था।

'आगे चलकर ये पूरे सिस्टम को खराब कर देगा।'

नतीजे भयंकर थे। वहाँ वास्तव में कोई उम्मीद नहीं थी, लेकिन फिर भी, शीतल और विक्रांत ने सेकंड और थर्ड ओपिनियन भी लिया। सभी डॉक्टरों का यही कहना था कि अब पहला कदम यही पता करना है कि आर्य की बीमारी किस टाइप की है। इसकी कुछ किस्मों का तो इलाज था। मतलब आर्य के बचने की कुछ तो उम्मीद थी।

लेकिन ये पता करना आसान नहीं था। आर्य की स्किन का एक टुकड़ा इस बीमारी की दुनिया में इकलौती लैब नीदरलैंड में भेजा गया। उस सेंटर में ऐसे कई मामले चल रहे थे।

'वहाँ से रिजल्ट मिलने में 5 महीने लग गए।'

नतीजा साफ था—आर्य को नीमन पिक टाइप सी था। ये खतरनाक था और इसका कोई इलाज भी नहीं था। और इसका कारण आनुवंशिक तत्व थे।

शीतल को सारे रास्ते बंद होते जान पड़ रहे थे। ऐसे परिणाम के बाद कोई क्या कर सकता था? ये साफ-साफ मौत की सजा थी।

'हम हरेक के पास गए। कोई नहीं जानता था कि क्या करना था।'

नीमन पिक सी एक दुर्लभ बीमारी थी। भारत में इसके बस गिने-चुने मामले थे। और अधिकांश डॉक्टर इसके इलाज के बारे में कुछ नहीं जानते थे।

जानकारी के बिना, शीतल और ज़्यादा बेचैन हो रही थीं। उनका बच्चा उन पर निर्भर था—उन्हें कुछ तो करना था।

तो उन्होंने मदद के लिए कहीं और देखना शुरू किया। होमियोपैथी से लेकर फ्लावर थेरेपी तक सब आजमाया।

'हम रत्नागिरी में होमियोपैथी डॉक्टर के पास गए। उसकी दवाइयाँ आजमाईं। लेकिन कुछ नहीं हुआ। तो हमने वो लेना बंद कर दिया।'

वो देख रही थीं हालात दिन ब दिन बिगड़ते ही जा रहे थे। जब आर्य तीन साल का हुआ, तो बीमारी के पहले लक्षण दिखाई देने लगे।

'समस्या खाने के साथ शुरू हुई। वो खांसता रहता था और खाना निगल नहीं पाता था।'

अपने बेटे को निगलने के लिए संघर्ष करता देख शीतल का दिल टुकड़े-टुकड़े हो जाता था। उन्होंने मन में सोचा कि अगर वो इस बीमारी के मरीज के किसी अभिभावक से मिल पातीं तो शायद आर्य की कुछ मदद हो पाती। तो उन्होंने नेट पर सर्च करने में

कई घंटे बिताए। लेकिन उन्हें काम की सिर्फ एक वेबसाइट मिली।

'होप फॉर आदित्य' नीमन सी पेशेंट के पेरेंट्स ने शुरू की थी। जब शीतल ने उनसे संपर्क किया तो वो बहुत मददगार और दयालु निकले। कम से कम, कोई तो ऐसा मिला था जो समझ सकता था कि *'मैं किस दौर से गुजर रही थी।'*

'दासगुप्ता परिवार ने मुझे ये भी सिखाया कि रोज-रोज आर्य की देखभाल कैसे करनी है।' उन्होंने शीतल को समझाया कि उनके बेटे को खाना खाने के लिए एक 'पेग' की जरूरत पड़ी थी। इस पेग के जरिए खाने को फेफड़ों में जाने से रोका जा सकता था। लेकिन पेग लगवाने के लिए आर्य को एक सर्जरी करवाने की जरूरत थी। छोटा-सा बच्चा महज तीन साल का था, जब उसकी ये मुश्किल सर्जरी की गई।

हर दिक्कत के लिए, शीतल दासगुप्ता परिवार से ही सलाह लेती थीं।

'उन्होंने हमें बताया कि अभी कितना मुश्किल समय आना बाकी था। मेरे आर्य को और कितना सहना था। लेकिन उनके बिना, मैं आर्य के लिए कुछ भी नहीं कर सकती थी। जो कुछ भी मैं कर पाई, उनकी मदद के बिना वो भी नहीं कर सकती थी।'

ये किसी डॉक्टर द्वारा की गई मदद से बड़ी मदद थी। लेकिन इतना ही काफी नहीं था।

'वो चीजें आर्य के आराम के लिए थीं। उसके इलाज के लिए नहीं।'

और अपने बेटे के लिए लड़ने वाली माँ आसानी से हार मानने वाली नहीं थी।

समय गुजरने के साथ आर्य उनकी गोद से फिसलता जा रहा था। वो घुटनों से चलने, बात करने, रोने तक से महरूम होने लगा था।

'और फिर मैंने एक नई दवा के बारे में सुना। वो अगर इलाज नहीं कर सकती थी शरीर को होने वाले आगे के नुकसान को रोक सकती थी। लेकिन उतना काफी था। कम से कम मैं अपने आर्य को तो नहीं खोऊंगी।'

साल 2011 में उस दवाई के एक बैच की कीमत 5 लाख रुपए थी, जिसमें 90 गोलियां थीं। और हर तीन महीने बाद आपको एक नया बैच खरीदना था।

शीतल और विक्रांत समझ रहे थे कि इस नई दवाई से उन पर कितना आर्थिक दबाव आ जाएगा। लेकिन उनके पास कोई विकल्प नहीं था—वो आर्य को बचाने के लिए कुछ भी करने को तैयार थे।

जब उन्होंने अपने एक डॉक्टर से इस दवाई पर कुछ डिस्काउंट मिलने की बाबत पूछा था, तो बहुत ही संवेदनहीन जवाब ने उनका दिल तोड़कर रख दिया।

'आपकी माँग उतनी ही अजीब है, जितना कोई मर्सिडीज पर डिस्काउंट की बात करे।'

'मैं किसी ऐशो-आराम की चीज पर डिस्काउंट नहीं माँग रही थी। वो मेरे बेटे की ज़िंदगी बचाने की दवाई थी। क्या उसे जीने का हक़ नहीं है?'

शीतल की परेशानियां यहीं ख़त्म नहीं हुईं। चूंकि वो दवाई बाहर से मंगवाई जानी थी, तो कस्टम से क्लियर करवाना भी एक मसला था। कोई भी डॉक्टर या हॉस्पिटल उनकी मदद के लिए नहीं आया, और सरकारी मदद माँगना उनके लिए खासा सिरदर्द साबित हुआ।

कस्टम से दवाई निकलवाने में डेढ़ महीना लग गया। वो कीमती समय जो मुझे अपने बेटे के साथ बिताना चाहिए था, पेपरवर्क में बेकार हो गया।

जब आर्य ने दवाई लेनी शुरू की तो शीतल के दिल में आशा की किरण जागी। लेकिन कुछ ही महीनों में शीतल को अहसास हो गया कि दवाई काम नहीं कर रही थी।

'मैं निराशा में डूब गई, करूँ तो क्या करूँ...'

इस समय, शीतल की बहन रचना उनका बड़ा सहारा थीं, वो दवाइयों के बारे में उन्हें विस्तार से समझातीं। उन्होंने फार्मास्यूटिकल में पीएचडी की थी। वो अपनी बहन के साथ रहने के लिए बेंगलुरू से मुंबई भी आ गईं।

आर्य की देखभाल करने के दौरान उन्होंने समझा की लोग इस बीमारी के बारे में जानते ही नहीं थे। इस बारे में जागरूकता फैलाये जाने की ज़रूरत थी। तो उन्होंने मुंबई के हॉस्पिटल्स में पैम्पलेट बांटने शुरू कर दिए।

'मैं जानती थी कि हमारे जैसे और भी पेरेंट्स होंगे, जो जानकारी के लिए बेताब होंगे।'

उन्होंने नीमन डिसऑर्डर पर आधारित एक ट्रस्ट भी शुरू किया, जिसका नाम था 'विद आर्य'।

'हम पढ़े-लिखे थे और हमारी इंटरनेट तक पहुँच थीं। इस वजह से हमें इस भयानक बीमारी के बारे में कुछ पता चल सका। उन गरीब लोगों की कल्पना कीजिए, जिनके पास डायग्नोस तक करवाने के पैसे नहीं हैं। उनके साथ क्या होता होगा?'

ट्रस्ट के माध्यम से, शीतल नई दवाओं के प्रयोग और इनके खर्च पर सरकार से छूट माँगना चाहती थीं। एक माँ के तौर पर वो सब कुछ कर रही थीं, जो कर सकती थीं। उनका मकसद ज़्यादा से ज़्यादा लोगों को नीमन पिक के बारे में बताना था। अगर ज़्यादा लोग इसके बारे में जानेंगे तो शायद हालात में कुछ बदलाव आए... इस शुरुआत को बहुत सारे विरोधों का सामना भी करना पड़ा। सरकार का ध्यान ज़्यादा चर्चित बीमारियों जैसे एड्स और कैंसर पर था। उन्हें ज़्यादातर यही जवाब सुनने को मिलता, *'मैडम बच्चे भूखे मर रहे हैं, अगर उन्हें देने के लिए पैसे नहीं हैं, तो हम इतनी महंगी दवाओं को कैसे स्पोंसर कर सकते हैं?'*

'मैं बहुत मुश्किल और अकेलेपन से गुजरी हूँ। अगर आपकी जान-पहचान में कोई ऐसा इंसान है, जिसका बच्चा बहुत बीमार है—तो उन्हें अपना सहारा दो। इससे बहुत फर्क पड़ता है।'

उनके नजरिये से दुःखी होकर, शीतल ने अपना ध्यान अपने जैसे दूसरे अभिभावकों पर लगाना शुरू कर दिया। किसी भी पेरेंट्स को इसके बारे में बताकर वो सोचतीं कि काश किसी ने और पहले उन्हें ये बता दिया होता।

समय गुजरने के साथ, शीतल ने ध्यान दिया कि आर्य की तबियत दिन ब दिन और ख़राब होती जा रही थी।

'वो अब अपनी दाईं बांह हिला नहीं पा रहा था। वो उसे अपनी छाती के पास मोड़कर रखता था।' उसकी आँखों की चमक भी खो गई थी।

हर बार जब उसे बुखार आता, शीतल को चिंता होती कि अब समय आ गया था। और हर बार जब वो हॉस्पिटल से लौटता, तो वो जानती थीं कि टाइम हाथों से फिसल रहा था।

उनके पति विक्रांत उनके साथ खड़े थे, ख़ामोशी से उनका दर्द बाँटते हुए। वो उस खिलखिलाती लड़की को डिप्रेशन में जाता देख रहे थे, जिससे उनकी शादी हुई थी। तो उन्होंने शीतल को कुछ और करने के लिए प्रेरित किया, जिससे उनका मन बंटे।

बहुत सोचने के बाद, शीतल ने अपने घर के पास, सेवरी, मुंबई में एक ब्यूटी पार्लर खोलने का फैसला लिया। इससे उनका कुछ तनाव तो कम हुआ, घर से बाहर जाकर, नए लोगों से बातें करके। इससे उन्हें कुछ सामान्य महसूस होने लगा।

आर्य के साथ आखरी कुछ महीने शीतल के लिए दिल तोड़ देने वाले थे। वो उसे हर दिन घुलते हुए देख रही थीं, जब तक कि एक दिन, अपने सातवें जन्मदिन से तीन महीने पहले, वो हमेशा के लिए चैन की नींद नहीं सो गया।

'हम जानते थे कि वो दिन आ रहा था लेकिन फिर भी... एक गहरा खालीपन हमारी ज़िंदगी में भर गया था।'

पूरे सात सालों तक आर्य शीतल की ज़िंदगी का केंद्र था। उनके जीने का मकसद। अब ज़िंदगी का एक नया दौर उन्हें बुला रहा था—लेकिन क्या शीतल उसके लिए तैयार थीं?

ऐसे भी लोग होते हैं जो दुःख के सागर में डूब जाते हैं। और कुछ ऐसे भी होते हैं जो किसी तरह तैरकर किनारे तक पहुँचने की कूवत रखते हैं। शीतल को वो हिम्मत मिल गई थी।

'मैं कभी आर्य को नहीं भूल सकती... वो हमेशा मेरे दिल में है। लेकिन मैं जानती हूँ कि वो अपनी मम्मा को खुश देखना ही चाहेगा। तो मुझे बिल्कुल खुश रहने की कोशिश करनी चाहिए।'

शीतल ने अपने सलून में ज़्यादा दिलचस्पी लेनी शुरू कर दी। जैसे ही उनकी बेटी स्कूल चली जाती, वो अपने पार्लर में जाकर देख-रेख करने और अकाउंट संभालने में लग जातीं। कुछ ही महीनों में उन्होंने अपना काम बढ़ाते हुए, पास वाली दुकान को भी किराये पर ले लिया।

लेकिन नीमन पिक प्रभावित बच्चों के पेरेंट्स की मदद करना उन्हें कहीं ज़्यादा संतुष्टि देता है। इन बातों से अक्सर यादों का सिलसिला जी उठता है, लेकिन शीतल जानती हैं कि वो जो कर सकती हैं, वो करना ही होगा—जरूरतमंदों की मदद करके।

शीतल मेक-ए-विश इंडिया की वॉलंटियर भी हैं—ये संस्था जानलेवा बीमारियों से जूझ रहे बच्चों की आखरी ख्वाहिश पूरा करने में मदद करता है। वो सप्ताह में दो दिन इस संस्था के साथ काम करती हैं।

इसके तहत उन्हें हॉस्पिटल में जाकर ऐसे परिवारों और उनके बच्चों से मिलना होता है। बच्चे की आखरी ख्वाहिश को शब्द देने होते हैं। शीतल इससे जुड़े कागजों को भरवाने में भी परिवार की मदद करती हैं।

'ख्वाहिश पूरी होने पर जब इन बच्चों के चेहरे खिल उठते हैं तो मुझे लगता है कि आर्य मुझे देखकर मुस्कुरा रहा है। मुझे उसका होना महसूस होता है...'

उनकी हालिया शुरुआत रोगी के परिवारों के लिए खाने के पैकेट उपलब्ध कराना है—दाल खिचड़ी, रोटी-सब्जी और एक फल (केला)। खाना टाटा मेमोरियल, केईएम और वाडिया हॉस्पिटल के बाहर 10 रुपए की कीमत में उपलब्ध कराया जाता है। वॉलंटियर और शुभचिंतकों के दान की बदौलत ही ये संभव हो पाया है। (http://www.withaarya.ngo)

'दोन घास (मराठी में इसका अर्थ खाना है) मुश्किल हालात से गुजर रहे परिवारों के लिए मेरी मदद है...' वो माँ कहती है, जिसका बेटा अब इस दुनिया में नहीं है।

माँ का दिल बड़ा और मजबूत है, और उसमें प्यार भरा हुआ है। और प्यार कभी नहीं मरता, वो अमर है।

बेशरम

‘हाय, थोड़ा तो शरम कर’— लड़कियों को दबा के रखने का एक अच्छा तरीका। इसलिए बेबाक बनो, ऊँचा सोचो, आगे बढ़ो... लोग यूँ ही शरमा जाएँगे।

सातवीं पास सरपंच

सुषमा भादू
धनी मियां खान, हरियाणा

'औरत को दबा के रखो—उसे परदे में रखो।' लेकिन क्या महिलाएं घूंघट के पीछे रहना चाहती हैं? जब सुषमा भादू सरपंच बनीं तो उन्होंने इस मौके को पकड़, परंपरा को चुनौती दी।

छू लो आसमान

'तन्ने सुन्या के!' एक हरियाणवी महिला ने अपने गुलाबी घूंघट की आड़ से कहा। *'हमारे गाँव में पंचायत बैठेगी!'*

सुषमा भादू सब्र से पानी के टैंकर की लाइन में खड़ी अपनी बारी आने का इंतजार कर रही थीं। उनके साथ धनी मियां गाँव की दूसरी महिलाएं भी थीं। जनवरी की उस शाम में हवा में गजब का उत्साह था। उनकी बातें रोजमर्रा की घर या सास की किटकिट से जुड़ी नहीं थीं। यहाँ तक कि आने वाले लोहड़ी त्योहार की तैयारियों की बातें भी इस नए टॉपिक के आगे टिक नहीं पा रही थीं।

आज़ादी के बाद से ही धनी मियां ख़ान गाँव और उससे जुड़े दो गाँव फतेहाबाद टाउन के डिस्ट्रिक्ट कलेक्टर की छत्रछाया में थे। वहाँ के निवासियों को अपने भले के बारे में बात करने का हक नहीं था। अब 2010 में राज्य सरकार ने फैसला किया था कि धनी मियां गाँव अपनी पंचायत का चुनाव कर सकता था।

लेकिन एक छोटा-सा पेंच था। दरअसल एक बड़ा पेंच था। सरपंच की पोजीशन किसी महिला के लिए आरक्षित थी।

'हाय रब्बा, सरकार का दिमाग ख़राब होयास्सी!' आदमी बात कर रहे थे। वो ऐसी अजीब और बेतुकी शर्त कैसे रख सकते थे? यकीनन कोई महिला आगे नहीं आएगी और आख़िरकार ये सीट किसी मर्द के नाम हो जाएगी।

लेकिन महिलाओं की कोई दूसरी ही योजना थी। पहली बार एक मौका मिला था, उसका फायदा उठाना जरूरी था। उस शाम जब वो वाटर टैंक का इंतजार कर रही थीं, तब अपनी इसी योजना को अंजाम दे रही थीं।

'सुषमा—तू सात तक पढ़ी हुई है। तू ही हमारी तरफ से खड़ी हो जा...!' उन्होंने विनती की।

सुषमा चौंक गई थीं। उन्होंने कभी खुद को एक लीडर के रूप में नहीं सोचा था। हां वो सातवीं क्लास तक पढ़ी थीं, लेकिन धनी मियां गाँव की दूसरी महिलाओं की तरह ही उनकी ज़िंदगी भी घर की चार दीवारी में ही गुजर रही थी। वो सरपंच बनने के बारे में क्या जानती थीं?

औरतें उन्हें उकसा रही थीं, प्रेरित कर रही थीं। आदमियों को क्या पता औरतों के सर के बोझ।

'रात को हम नौ-नौ बजे तक पानी के टैंक के पास बैठे रहते हैं। तू सरपंच बनेगी तो हमारी ये समस्या तो मिट जावे!'

धनी मियां खान गाँव की महिलाओं ने उनमें से एक महिला पर ही अपना विश्वास टिकाने का फैसला किया था। तुम खड़ी हो जाओ हम सब तुम्हें सपोर्ट करेंगे, उन्होंने

सुषमा को भरोसा दिलाया।

'थारे खिलाफ और कोई नहीं खड़ा होगा,' उन्होंने तय किया। और कितनी समझदारी का फैसला था।

दूसरे दो गाँव में दो-दो उम्मीदवार खड़े हुए। प्रभावशाली आदमियों की पत्नियां आमने सामने। उनके वोट इनमें आपस में बंट गए, लेकिन धनी मियां गाँव से एक उम्मीदवार था, एक वोट।

सुषमा भादू को नया सरपंच चुन लिया गया। 63 सालों में ऐसा पहली बार हुआ था कि महिला अपनी पारंपरिक भूमिका से बाहर आई थी। पुरुषों द्वारा संचालित बाहर की दुनिया में।

लेकिन सरपंच बनना एक बात थी और दूसरों द्वारा स्वीकार किए जाना दूसरी। अधिकांश लोग सोच रहे थे कि सुषमा सिर्फ नाम के वास्ते सरपंच बनी थी। उन्हें लगा था कि वो उसे नियंत्रित करके अपने इशारों पर चला सकते थे।

'महिला थी तो लोगों को दिक्कत थी। ये करो वो करो कहते रहते थे...'

दो साल तक सुषमा ने रीति-रिवाजों में रहकर काम करने की कोशिश की। सबसे बड़ी दिक्कत वो घूंघट थी, जिसमें उसका चेहरा हमेशा ढंका रहता था।

'मैंने कहा सरपंच तो आपने बना दिया लेकिन ये घूंघट ओढ़ के मैं काम कैसे करूँ?'

जो लोग समस्या लेकर मेरे पास आते थे मैं उनसे बात कैसे कर सकती थी? मैं जिला प्रशासन तक उनकी समस्याएं निबटवाने कैसे जाती? हर समय सुषमा को एक बाधा सी महसूस होती।

घूंघट उन्हें रोक रहा था, बांध रहा था।

सुषमा अपनी ज़िंदगी के शुरुआती दिनों को याद करती हैं, जब वो एक नई दुल्हन थीं। उन्हें ऐसे घर में आकर सदमा लगा था जहाँ उन्हें हमेशा मुंह ढंककर, पारंपरिक लहंगा-कमीज पहनना होता था।

'ये जो हमारे हसबंड थे, वो मुझे धक्के से लहंगा कमीज पहनाते थे। मुझे बहुत दिक्कत होती थी ऐसे। वो कहे ये पहले के रिवाज हैं, ये तो पहनना ही पड़ेगा।'

अपने माँ-बाप के घर में सुषमा इससे ज़्यादा आज़ाद थीं। चार भाइयों में अकेली बहन, सबकी लाड़ली। इसके अलावा उनके पिता भी खुले दिमाग के थे। उन्होंने सुषमा को 7वीं तक पढ़ने के लिए स्कूल भी भेजा था, जबकि दूसरी लड़कियाँ चौथी क्लास में ही पढ़ाई छोड़ देती थीं।

शायद उसी पालन पोषण ने सुषमा को अपनी बेटी के जन्म के बाद पति के सामने खड़े होने का साहस दिया।

'या तो मुझसे ये बच्चा संभाला जाएगा या लहंगा कमीज पहना जाएगा!' उन्होंने ऐलान कर दिया।

ऐसी धमकी के बाद उनके पति ने सुषमा की माँग मान ली और सुषमा को पंजाबी सूट पहनने की अनुमति मिल गई। वो छोटी, लेकिन मेहनत से मिली सफलता थी, और अब उन्होंने सोच लिया था कि कुछ बड़ा करने का समय था।

'अपनी बहनों के लिए कुछ करना होगा, लड़ना होगा... मैं तैयार थी!'

गाँव की ज़्यादातर महिलाएं खेतों में काम करती थीं। घूंघट ढंके चेहरे के साथ सूत इकट्ठा करना मुश्किल काम था, और गर्मियों में तो बदतर। दरअसल उन्हें साफ-साफ दिखता भी नहीं था कि वो क्या उठा रही थीं। तो जो सूत वो उठाती थीं, वो साफ नहीं होती थी और उन्हें आदमियों के मुकाबले कम पैसे मिलते।

'आगे बढ़ना है तो ये घूंघट प्रथा हटानी होगी... हमने तो ये ठान ली।'

समय आ गया था कि सरपंच अपने लिए आवाज उठाए। सुषमा जानती थीं कि किसी भी बदलाव की शुरुआत घर से ही होती है। पहले उन्हें अपने परिवार को समझाना होगा।

'मैंने कहा, सरपंच के काम में घूंघट से बहुत दिक्कत है। मैं ये प्रथा ख़त्म करना चाहती हूँ।'

परिवार ये सुनकर सकते में था। लेकिन फिर उनकी सास उनके समर्थन में आगे आईं।

'तू सही बोल रही है बहू। मैं तेरे साथ हूँ।'

सासू माँ के अपने साथ आने पर, सुषमा ने पूरे गाँव के सामने ऐलान कर दिया कि वो अपना घूंघट हटा रही हैं। फिर उन्होंने दूसरों को अपने साथ आने के लिए प्रोत्साहित किया। गाँव के बड़े-बुज़ुर्गों ने इसका बहुत विरोध किया। तो सुषमा ने इसका औपचारिक हल खोजने का फैसला लिया।

'हमने पहले छोटी सी पंचायत बैठाई। आंगनवाड़ी कार्यकर्त्ता, ऐसे ही दो-तीन सदस्य बुलाकर। फिर वो बोले कि हम सभी सहमत हैं इस बात से।'

इस जीत ने मुझे बहुत विश्वास दिलाया, और फिर मैंने इस संदेश को बड़े प्लेटफॉर्म तक पहुँचाने का फैसला लिया। *'फिर हमने महापंचायत बैठाई थी एक। कम-से-कम पच्चीस-छब्बीस गाँव की पंचायत थी वो।'*

महापंचायत सामान्यतौर पर नहीं बैठा करती। फतेहाबाद में, महापंचायत सिर्फ तभी बैठी थी जब या तो बाढ़-सूखे की समस्या हुई हो या राज्य के चुनाव होने हों।

महापंचायत बुलाने का फैसला पूरी तरह से सुषमा का था। यहाँ तक कि स्थानीय मीडिया भी इस घटना को कवर करने के लिए जुटा था।

सुषमा महसूस कर सकती थीं कि भीड़ की नजरें उन्हीं पर टिकी थीं। आमतौर पर ज़्यादा लोगों के सामने वो घूंघट में ही छिपी रहती थीं। लेकिन आज न तो उन्होंने और न ही उनकी सहयोगियों ने खुद को घूंघट के पीछे छिपाया था।

यहाँ तक कि सरपंच के तौर पर भी कभी सुषमा ने इतनी भीड़ के सामने भाषण नहीं दिया था। लेकिन ये एक 'सचाई का पल' था। उन्हें अपना सर्वश्रेष्ठ देना ही था।

'मैंने आंगनवाड़ी महिलाओं की तरफ देखा... उनका सहयोग नहीं होता तो शायद बोल भी नहीं पाती।'

सुषमा ने एक गहरी साँस ली और बोलना शुरू किया। कुछ भी लिखा हुआ नहीं था, न ही कोई योजना बनाई गई थी।

'पर जैसे हम बोलने लगे, बस बोलते गए। फिर नहीं रुकना था...'

उनकी आवाज तेज थी और विश्वास से भरी भी। उनके विचार साफ और समझने योग्य थे। जब तक उन्होंने अपनी बात ख़त्म की वो अपने श्रोताओं का दिल जीत चुकी थीं। वो उनके साथ शपथ लेने को तैयार थे।

'हम सबने शपथ ली कि हम घूंघट प्रथा नहीं करेंगे। सभी महिलाओं ने मेरा साथ दिया।'

स्थानीय अख़बारों ने इस साहसी सरपंच की कहानी फ्रंट पेज पर छापी। जल्द ही नेशनल मीडिया भी उनका दरवाजा खटखटा रहा था। टीवी पर ख़बरों में इस साहसी कदम की प्रशंसा के बाद गाँव वालों को भी ये बदलाव स्वीकार करना आसान लगने लगा।

'अख़बार में आया, टीवी में आया, तो भई सब अच्छा बोले। गाँव के लोग सुनकर और पढ़कर बोले कि सही में अच्छा हुआ है।'

हालाँकि कुछ लोग औरतों के बेशर्म होने की दुहाई भी दे रहे थे, लेकिन सबके सामने कुछ बोलना उनके लिए मुश्किल हो रहा था।

जून 2012 में उस दिन से धनी मियां खान गाँव पूरी तरह से घूंघट मुक्त हो गया है। आप आज भी महिलाओं को अपना चेहरा ढंके हुए देख सकते हैं, लेकिन वो सिर्फ सूरज से अपनी स्किन बचाने के लिए ही है। उनकी आँखें अब खुला आसमाँ, लहलहाते खेत

देखने के लिए आजाद हैं। और यकीनन वो नाज़ुक कपास के फाहे भी।

'अब खेत में कोई परेसानी न होवे...'

महिलाओं की मजदूरी भी लगभग आदमियों के बराबर ही है।

एक विश्वस्त कदम के साथ सुषमा भादू महज नाम की सरपंच होने से गाँव की वास्तविक सरपंच बन गईं, अपने शब्दों और अपने कर्मों से। उन्होंने सबकी भलाई के लिए कड़ी मेहनत की।

डिस्ट्रिक्ट कलेक्टर की मदद से सुषमा ने अपने गाँव में बोरवेल भी लगवा लिया। अब पानी की और किल्लत नहीं, पानी के टैंकर का अब और इंतजार नहीं। वो कहती हैं कि सरपंच का काम लोगों की जरूरतों को प्रशासन तक पहुँचाना है। और फिर उनके साथ मिलकर काम पूरा कराना।

'सरकार पैसे देती है, हमें उसका सही उपयोग करना है।'

सुषमा के हाथों में कमान के चलते भ्रष्टाचार का एक भी आरोप सामने नहीं आया है। चारों तरफ विकास दिखाई दे रहा है। हालाँकि समय-समय पर लोग सरपंच के काम का विरोध करते रहते हैं।

'जब नई सड़क बन रही थी, तब कुछ लोगों ने कहा कि हम नहीं बनने देंगे। बात पुलिस थाने तक पहुँच गई।'

कलेक्टर साहिब के आने पर मामला सुलझा, उन्होंने निरिक्षण करके कहा कि प्लान सही था। सड़क यहीं बनेगी। आज लगभग सारे कच्चे रास्ते पक्के हो गए हैं, और वो हाईवे से अच्छी तरह जुड़े हुए हैं। कोई कीचड़ या गंदगी भी नहीं है।

सुषमा की सास गर्व से कहती हैं, *'इसके आने से काफी सुधार हो गया है यहां। हमारी सड़क अब चंडीगढ़ जैसी है!'*

ये तो दिखाई देने वाले बदलाव हैं, लेकिन सुषमा धीरे-धीरे गहरे स्तर पर भी काम कर रही हैं। उनका मानना है कि वास्तव में किसी भी बदलाव के लिए लड़कियों की शिक्षा बहुत जरूरी है।

'हमारे ज़माने में लड़कियों को शिक्षा नहीं मिली। अब तो बहुत वैल्यू है पढ़ाई की, उन्हें जरूर मिलनी चाहिए।'

तो सुषमा सरकारी स्कूलों में शिक्षा के स्तर को सुधारने के लिए काम कर रही हैं। वो सरकारी फंड से हर छात्र को मुफ्त किताबें दिलवाने की तरफ भी काम कर रही हैं। लड़कियों के लिए एक खास वृति के तहत 11,000 रुपए और वॉशिंग मशीन देने की व्यवस्था है अगर वो मानक उम्र अठारह के बाद शादी करती हैं तो। इन सारे कामों ने न सिर्फ उन्हें लोकप्रिय सरपंच बनाया, बल्कि लोगों के भी करीब ले आए।

'आगे बढ़ने के लिए हमें आगे कदम उठाना पड़ेगा।'

इन कामों में उन्हें लोगों के गंभीर विरोध का भी सामना करना पड़ा। लेकिन विरोधियों के लिए उनके पास एक सिम्पल तर्क है। *'गाँव आगे बढ़ेगा तो गाँव का ही नाम रोशन होगा। गाँव आगे बढ़ेगा तो तू भी भाई आगे बढ़ेगा।'*

शायद उनकी राह में सबसे बड़ी रुकावट उनके पति ही थे। लेकिन अब वो उनके सबसे मजबूत समर्थक और महिलाओं के हिमायती बन गए हैं। वो गाँव का प्रतिनिधित्व करते हुए कई मंचों पर घूंघट प्रथा के खिलाफ बोल चुके हैं।

'अभी इनके सहयोग से काफी काम हो जावे है,' सुषमा ने कहा।

अपने प्रयासों के लिए, सुषमा को अनेकों सम्मान और उपाधियाँ मिल चुकी हैं। लेकिन जो उनके दिल के ज़्यादा करीब है वो है शिवाजी कॉलेज, नई दिल्ली में मिला 'जीजाबाई वीमेन अचीवर' अवार्ड। इसके उनके लिए कई मायने हैं, लेकिन वो गर्व अलग है जब उन्होंने छात्रों से भरे सभागार को संबोधित किया।

'वहाँ तो सब अंग्रेजी बोलने वाले बच्चे थे। पर मैं बोली, हम तो भाई अपनी भाषा में बोलेंगे।'

इंग्लिश मीडियम छात्र सुषमा के बोलने के लहजे और दिल से निकली उनकी बात पर पूरी तरह फ़िदा हो गए।

इतनी उपलब्धियों के बाद भी सुषमा आराम करने वालों में से नहीं हैं। आज, जब उनका कार्यकाल ख़त्म होने वाला है तो उन्हें और भी कई काम निबटाने हैं।

अपने अच्छे काम के बावजूद भी सुषमा का दोबारा चयन नहीं हो सकता। वो सीट पिछड़ी जाति के उम्मीदवार के लिए आरक्षित है। लेकिन अच्छे काम चालू रखने में वो अगले सरपंच को सहयोग देने को तैयार हैं।

'पूरा सहयोग हम करेंगे उनका।'

वो कहते हैं न, बदलाव में समय लगता है, लेकिन समय अब बदल रहा है। एक औरत की सोच से गाँव की सोच बदल गई।

तो सोचो गर हर औरत की सोच बदल जाए तो ये देश बदल सकता है।

ये तो सच में बड़ा बदलाव होगा।

चक दे पीरियड

अदिति गुप्ता
अहमदाबाद, गुजरात

'मंदिर में मत जाओ- तुम अशुद्ध हो।' भारतीय लड़कियों को अपनी माँ और दादी से यही बताया जाता है। लेकिन क्यों? इस स्वाभाविक प्रक्रिया के लिए लड़कियों को 'असामान्य' क्यों महसूस कराया जाता है? यही सच जानने के लिए अदिति गुप्ता ने हल्ला बोला। जोर से, और अपने स्टाइल में।

'क्या हर महीने तुम्हारा इतना ही खून निकलता है?' तुहिन पॉल ने अपनी गर्लफ्रेंड अदिति गुप्ता से पूछा।

वो जानता था कि कुछ 'पीरियड' जैसा होता तो है, लेकिन ये लड़कियों को कितना प्रभावित करता है—ये वो पहली बार देख रहा था। महीने के उस सप्ताह में अदिति अपने आप में नहीं रहा करती थीं। वो उदास होतीं, चिढ़चिढ़ी और अक्सर उनके पेट में मरोड़ भी उठती।

अपने प्रति तुहिन की चिंता अदिति को प्रभावित कर गई। तो उन्होंने तुहिन को इस बारे में वो सब बताया जो वो जानती थीं: मसलन ये हर महीने होता है, हर लड़की को। और उन दिनों में लड़की को 'अशुद्ध' माना जाता है।

झारखंड के छोटे से टाउन गढ़वा में, जहाँ अदिति पली-बढ़ी थीं, एम शब्द को जोर से नहीं बोला जाता था। ये फुसफुसाकर बात किए जाने वाला टॉप सीक्रेट विषय था।

बड़ी बहनें उन दिनों में मंदिर नहीं जाने के बारे में कूट भाषा में बात किया करती थीं। जैसे कि 'आज बाल नहीं धोए हैं'। हर कोई शांति से उस बात का मतलब समझ जाता था।

अदिति तब सातवीं क्लास में थीं जब उन्हें पहली बार माहवारी हुई। रक्तस्राव होने के बाद ही उनकी माँ ने उन्हें इस बारे में बताया—कि पीरियड जैसी भी कुछ चीज होती है। ये बहुत झमेले वाली, दर्दनाक प्रक्रिया होती है जिसे महिलाओं को शांति से झेलना होता है।

'मम्मी ने मुझे ढाई लौटे पानी से नहलाया। बोले कि ढाई लौटा पानी है तो पीरियड ढाई दिन ही रहेगा।'

यकीनन, उससे कुछ बात नहीं बननी थी! यूँ तो मम्मी यूनिवर्सिटी में प्रोफेसर थीं-काफी पढ़ी-लिखी- लेकिन उनके पास कोई जवाब नहीं था। और इस तरह से अदिति के माहवारी का शर्म और तकलीफ से जुड़ा सफर शुरू हुआ।

तब सैनिटरी नैपकिन उतने कॉमन नहीं हुआ करते थे। ज़्यादातर लड़कियाँ नरम सूती कपड़े का इस्तेमाल किया करती थीं। इससे दो बड़ी परेशानियों का सामना करना पड़ता था: पहला तो, अपनी टांगों के बीच में कपड़ा फंसाकर साईकिल चलाकर स्कूल तक जाना (बहुत दर्दनाक था!); दूसरा, बिना किसी की नजरों में पड़े उस कपड़े को धोना और सुखाना।

यहाँ तक कि पीरियड के दिनों में इस्तेमाल किए कपड़े को अदिति को अलग से धोना होता था। क्योंकि यही 'नियम' था। और ऐसे नियमों का कोई अंत नहीं था।

बाल धोना पड़ेगा।

बेडशीट भी।

अचार मत छूना।

भगवान जी को मत छूना।

खट्टा मत खाओ- खट्टा खाने से पीरियड बढ़ जाते हैं।

ये करो, ये मत करो- कितने तनाव भरे और खिझाने वाले नियम थे ये!

स्कूल में भी बेहतर हालात नहीं थे। ज़्यादातर लड़कियों को सातवीं क्लास में ही पीरियड हो जाते थे, लेकिन री-प्रोडक्शन का चैप्टर नौवीं क्लास में आता है।

उसके दो पार्ट थे: एक सेल के मल्टीप्लाई होने का, दूसरा इंसानों के मल्टीप्लाई होने का।

'टीचर ने पहला चैप्टर पढ़ाया, लेकिन दूसरा छोड़ दिया!'

अगर आप टेक्स्ट बुक में झांकने की कोशिश भी करते तो आपको सिर्फ साइंटिफिक डायग्राम ही देखने को मिलते। वहाँ कोई प्रैक्टिकल इन्फोर्मेशन नहीं थी: सफाई के बारे में, या मरोड़ के बारे में या अगर आपको स्कूल में पीरियड शुरू हो जाएं तो क्या करना चाहिए।

सिर्फ एक ही पॉइंट क्लीयर था—ये एक टेबू सब्जेक्ट है।

अदिति ने टीवी पर सैनिटरी पैड का एड देखा था लेकिन वो खुद जाकर ऐसे आइटम कैसे खरीद सकती थीं? सबको पता चल जाएगा न!

जब वो 11वीं-12वीं क्लास में रांची में, हॉस्टल में रहने गईं तब अदिति ऐसी लड़कियों की दोस्त बनीं जो नियमित रूप से पैड का इस्तेमाल करती थीं। वहाँ उन्होंने उसके बारे में बात की। वहाँ अदिति ने हिम्मत जुटाई और कैमिस्ट के पास जाकर कहा, *'मुझे पैड चाहिए।'*

दुकानदार ने सावधानी से पैकेट को काली पन्नी में लपेटकर उन्हें दे दिया। कपड़े से नैपकिन तक आने पर अदिति को एक किस्म की आज़ादी महसूस हुई। 'महीने के उन दिनों' की शर्म और गंदगी से उन्हें छुटकारा मिल गया था।

और अब, तुहिन जानना चाहता था: *'तुम्हें ब्लीडिंग क्यों होती है?'*

लेकिन उसका सही जवाब क्या हो सकता था?

तब तुहिन और अदिति ने तय किया कि हम दोनों साथ में जवाब खोजेंगे।

पहले उन्होंने इंटरनेट पर उपलब्ध मेटेरियल को पढ़ना शुरू किया। जब उन्होंने रिसर्च शुरू की, अदिति और तुहिन को अहसास हुआ कि उन्हें इसकी कितनी कम जानकारी थी।

'मुझे तो अपने मेंसट्रूअल फ्लूड की कम्पोजीशन भी नहीं पता थी। मुझे लगता था कि मेरा इतना सारा खून बह रहा है, जबकि उसमें ज़्यादा तो सिर्फ बलगम था।'

अदिति और तुहिन बॉयफ्रेंड गर्लफ्रेंड थे, और साथ में सहपाठी भी। वो दोनों साथ में एनआईडी (नेशनल इंस्टिट्यूट ऑफ़ डिजाइन, अहमदाबाद) में विज़ुअल कम्युनिकेशन में पोस्ट ग्रेज़ुएशन कर रहे थे। और वो अक्सर साथ में प्रोजेक्ट पर काम किया करते थे।

अब फाइनल डिप्लोमा प्रोजेक्ट नजदीक आ रहा था और उन्हें इसके लिए एक दिलचस्प टॉपिक की जरूरत थी। तुहिन ने ही इस पर जोर दिया कि चलो मेंसट्रूएशन और उसके गिर्द फैले मिथकों को ही उठाया जाए।

अदिति को भी आईडिया पसंद आया। तुहिन का साथ पाकर, उन्होंने कैंपस के अपने साथियों से इस विषय पर बात करनी शुरू कर दी। जल्द ही उन्हें अहसास हुआ कि एनआईडी के खुले दिमाग के छात्र भी पीरियड पर बात करने से शरमा रहे थे, तो कल्पना कीजिए कि छोटे शहरों में क्या हो रहा होगा।

इस पर कुछ तो किया जाना चाहिए था।

अगले एक साल तक अदिति बहुत से स्कूलों, कॉलेज और एनजीओ में गईं, उन लोगों की मानसिकता पता करने के लिए। ये उतना आसान नहीं था, क्योंकि टीचर्स ने भी साथ देने से मना कर दिया था।

'बहुत से टीचर को लगता था कि अगर वो क्लास में सेक्स की बात करेंगे तो छात्र सेक्स करना शुरू कर देंगे। वो पढ़ाई के मटीरियल को बेकार कर देंगे, इससे बच्चे करप्ट हो जाएँगे।'

इसमें बहुत मेहनत लगी, लेकिन जब छात्रों ने बात करनी शुरू की तो उनकी कहानियाँ लड़खड़ाते हुए बाहर आने लगीं।

फिर वो चाहे अहमदाबाद का एलिट स्कूल हो या मेहसाना का सरकारी स्कूल, लेकिन लड़कियों से जुड़े विज्ञापन पर बहुत कम या न के बराबर जानकारी थी।

'लेकिन हर जगह ये था कि पीरियड के टाइम कुछ तो गलत हो रहा है, कुछ तो गलत हो रहा है।'

और ये यकीनन एक युवा लड़की के आत्म सम्मान और उसके शरीर को प्रभावित कर रहा है।

अदिति ने कुछ रिसर्च अपने होमटाउन में भी की। ये बिल्कुल आसान नहीं था, खासकर इसलिए कि उन्होंने इसमें अपने 13 साल के भाई को भी स्टडी का हिस्सा बनाकर शामिल कर लिया था।

'हर जगह ये था कि पीरियड के टाइम कुछ गलत हो रहा है, कुछ गंदा हो रहा है।'

लोगों ने वही किया जो वो कर सकते थे—अदिति के काम के बारे में गॉसिप करना शुरू कर दिया।

'सभी को लग रहा था कि मुझे एक अच्छी-सी नौकरी कर लेनी चाहिए, यूँ अपना समय बर्बाद करने की बजाय!'

लेकिन अदिति और तुहिन इन सबसे परेशान नहीं हुए। मानसिकता को बदलना यूँ आसान नहीं होता। ये बात वो बहुत शुरू से जानते थे। अब उनके सामने चुनौती थी कि जागरूकता कैसे फैलाएं। इस तरह के संवाद को कैसे आगे बढ़ाएं?

'क्योंकि हम दोनों ही इंजीनियर्स हैं और तुहिन एनिमेशन में बहुत बढ़िया हैं, तो हमने पहले कंप्यूटर गेम बनाने के बारे में सोचा।'

लेकिन कंप्यूटर हर लड़की की पहुँच में नहीं होता।

'कॉमिक बुक का आईडिया कैसा रहेगा!' तुहिन ने कहा।

तुहिन ने पढ़ा था कि घरेलू हिंसा जैसे वर्जित विषयों पर बात करने के लिए कॉमिक बुक्स बहुत ही कारगर माध्यम था। नौ से चौदह साल की लड़कियों तक पहुँचने का ये सबसे बेहतरीन तरीका था।

'हमने पूरे भारत से बहुत-सी कहानियाँ इकट्ठा कीं। मासिक धर्म को लेकर हर समुदाय की अपनी धारणाएं थीं!'

अदिति और तुहिन ने इन कहानियों और प्रेक्टिकल इन्फोर्मेशन के माध्यम से युवा लड़की को उसके पहले पीरियड के लिए तैयार करने का फैसला किया। उन्होंने तीन किरदारों के साथ ए-3 साइज़ की हिंदी कॉमिक्स तैयार की। उन किरदारों के मन में बहुत से सवाल थे। उनके जवाब प्रिया नाम की एक युवा डॉक्टर दीदी के द्वारा दिए जाते थे।

'हमें बहुत केयर से कॉमिक्स बनानी पड़ी। जैसे हम किसी आपत्तिजनक इमेज का इस्तेमाल नहीं कर सकते थे।'

कोई भी लड़की ये कॉमिक्स बिना शर्मिंदा हुए अपने पेरेंट्स के सामने पढ़ सकती थी।

कॉमिक्स के सैंपल को 400 स्कूली लड़कियों को दिखाया गया और उनकी प्रतिक्रिया बहुत ही उत्साहजनक थी। लेकिन कॉलेज ख़त्म होने वाला था और उन दोनों के पास इस काम को आगे जारी रखने के लिए पैसे नहीं थे। तो अदिति और तुहिन दोनों ने नौकरी कर ली। फिर उन्होंने शादी की।

लेकिन उनका प्रोजेक्ट कभी भी उनके मन से नहीं निकला था। तो उन्होंने एक ब्लॉग शुरू करने का फैसला किया, जिस पर बहुत ही बढ़िया प्रतिक्रियाएं आईं। इससे उन्हें विश्वास मिला और अगस्त 2012 में, दोनों ने नौकरी छोड़ दी।

'हमने मेंसट्रूपीडिया के नाम से एक वेबसाइट लांच करने का फैसला किया।'

इस पर वो सारी जानकारी होनी थी जो किसी लड़की को अपने पहले पीरियड के लिए जरूरी होती, और एक फोरम जहाँ लड़कियाँ अपने सवाल पूछ सकती थीं।

'वेबसाइट बनवाने में हमने अपनी सेविंग्स लगा दीं। तकनीकी पहलू पर हमें हमारे दोस्त, रजत मित्तल की मदद मिली। वो कंप्यूटर साइंस में मास्टर्स हैं।'

वो लोग अपने साथ एक डॉक्टर को भी रखना चाहते थे, जो वेबसाइट पर उपलब्ध कराई जा रही जानकारियों को अपनी तरफ से देख सकें। उन्होंने कई डॉक्टरों को इस सिलसिले में मनाने की कोशिश की, लेकिन किसी ने भी उनका सलाहकार बनने में अपना समय या दिलचस्पी नहीं दिखाई।

इतनी मुश्किलों के बाद भी, मेंसट्रूपीडिया वेबसाइट 29 अक्टूबर 2012 को लाइव हो गई। शुरुआत में उनके पास ज़्यादा विजिटर्स नहीं थे, लेकिन धीरे-धीरे विजिटर्स की संख्या बढ़ने लगी। मीडिया का भी ध्यान उनकी तरफ खिंचने लगा। पेरेंट्स, टीचर्स और बहुत-सी युवा लड़कियों ने उन्हें पॉजिटिव फीडबैक दिया।

यूके के एक गायनाकोलोजिस्ट उनके संपर्क में आए, और कहा *'मैं मदद करना चाहता हूँ।'* तो सवालों के जवाब देना उनका काम हो गया।

बहुत से विजिटर्स पूछते, *'क्या हम आपके कॉमिक बुक खरीद सकते हैं?'*

लेकिन एक किताब को छपवाने में बहुत पैसे लगते हैं, और मार्च 2013 तक उनकी बचत ख़त्म होने लगी थी। उन्हें कोई इन्वेस्टर भी नहीं मिला था।

फिर अदिति और तुहिन को एक बढ़िया प्लान मिला। अगर वो 'आम आदमी' को अपना एंजल इन्वेस्टर बनाएं तो कैसा रहेगा? इसे 'क्राउडफंडिंग' कहते हैं, जिसमें आपका आईडिया पसंद आने पर, उसे हकीकत तक पहुँचाने के लिए बहुत सारे लोग थोड़ा-थोड़ा पैसा लगाते हैं।

अदिति और तुहिन ने अपने प्रोजेक्ट को विशबैरी नाम की वेबसाइट पर रजिस्टर करवाया। उनका मकसद 1000 प्रतियां छपवाने के लिए 4 लाख रुपए लेने का था। शुरुआत में वो बहुत घबरा रहे थे—क्या कोई इन्वेस्ट करने के लिए आएगा भी? एक घंटे में ही उनके पास पहले 1000 रुपए आ चुके थे।

'कैम्पेन ख़त्म होने तक, हमें 85 से ज़्यादा शहरों के 175 दरियादिल दाताओं से 5 लाख से ज़्यादा रुपए मिल चुके थे। इससे एक बहुत बड़ा बूस्ट मिला हमें!'

जनवरी 2014 में, मेंसट्रूपीडिया कॉमिक की इंग्लिश में छपी 1000 प्रतियां डिस्ट्रीब्यूशन के लिए तैयार थीं। किताब हाथ में आ जाने पर, अदिति ने स्कूलों में वर्कशॉप करनी शुरू कर दीं।

'जिधर भी वर्कशॉप किया वहीं काफी दिलचस्पी पैदा हुई, बहुत से सवाल हम तक आए।'

आज मेंसट्रूपीडिया हिंदी, मराठी, गुजराती और कन्नड़ में उपलब्ध है। 8,000 से ज़्यादा किताबें बिक चुकी हैं, और चार हज़ार प्रतियां स्कूलों में फ्री बाँटी जा चुकी हैं। वेबसाइट पर भी हर महीने एक लाख से ज़्यादा विजिटर्स आते हैं।

अदिति और तुहिन जानते हैं कि आगे का सफर बहुत लम्बा है। उनकी योजना किताबों को हर क्षेत्रीय भाषा में अनुवाद कराना और मेंसट्रूअल प्रोडक्ट का ऑनलाइन स्टोर खोलना है। और इसका एक एप्प भी लांच करना चाहते हैं।

अब अदिति का परिवार बेटी और दामाद के कामों से बहुत खुश है। जब उनकी बेटी एनडीटीवी के 'हैप्पी टू ब्लीड' प्रोग्राम में शामिल हुईं तो उन्हें बहुत गर्व महसूस हुआ।

लेकिन इसका सबसे खूबसूरत पहलू तुहिन की सपोर्ट थी। अगर एक लड़का और लड़की हाथ में हाथ लेकर एक-दूसरे के साथ संघर्ष करें तो क्या कुछ नहीं बदल सकता। क्योंकि एक पीढ़ी की तय मानसिकता को बदलने के लिए काफी संघर्ष करना पड़ता है। और ये प्रॉब्लम खुद ही सॉल्व हो जाएगी।

सुनिए सिस्टरजी

हाफ़िज़ा खान
श्रीनगर, कश्मीर

'लड़कियों को हम इस्कूल नहीं भेजते।' ये मानसिकता पूरे देश की है, श्रीनगर भी इसका अपवाद नहीं है। हाफ़िज़ा खान को ये मंज़ूर न था। उन्होंने पच्चीस सालों तक बिना थके अपने मोहल्ले की हर लड़की को पढ़ाने की कोशिश की। अब सभी 'सिस्टरजी' का आभार मानती हैं।

'मेरी माँ ने माँ का प्यार भी दिया और बाप का भी।'

जम्मू जिले के किश्तवार में पैदा हुईं, हाफिज़ा चार बहनों में तीसरे नंबर की थीं। उनके पिता तभी गायब हो गए थे, जब वो बहुत छोटी थीं। शायद वो एक और बेटी के पैदा होने की वजह से चले गए थे, लेकिन किसी को इस बारे में नहीं पता था।

जब हाफिज़ा पांच साल की थीं, तो परिवार श्रीनगर आकर रहने लगा। वो किराये के एक छोटे से घर में रहते थे।

'माँ घर-घर में बर्तन धोती थीं... पैसा कमाकर लाती थीं, ऐसे हमें बड़ा किया।'

दूसरी छोटी लड़कियों की तरह ही, हाफिज़ा को भी अपनी बहनों और सहेलियों के साथ खेलना पसंद था। लेकिन वो अपने घर के सामने बने इस्कूल की तरफ भी खिंची रहती थीं। वो घंटों वहाँ खड़ी रहतीं, वर्दी पहने बच्चों को देखते हुए, उन्हें पढ़ाए जाने वाले पाठ को सुनते हुए।

हाफिज़ा की माँ अपनी बेटियों को पढ़ा नहीं सकती थीं। किस्मत से उन्हें, श्रीनगर में सरकार के एक ऐसे सामाजिक कार्यक्रम के बारे में पता चला, जहाँ मुफ्त में पढ़ाया जाता था। चारों बहनों का नाम वहाँ पर लिखवा दिया गया।

स्कूल में आठवीं क्लास तक उर्दू माध्यम से पढ़ाया जाता था; नौवीं क्लास से सारे विषय अंग्रेजी में पढ़ाए जाते थे।

'मुझे इंग्लिश ठीक से आती नहीं थी तो फिर मैंने आठवीं के बाद स्कूल जाना छोड़ दिया।'

हाफिज़ा ने फिर कई तरह के काम करना शुरू कर दिया। कभी कागज से कुछ काम, तो कभी कुछ दस्तकारी। लेकिन वो किसी एक चीज पर नहीं टिक सकीं। उनकी माँ, मेहर बानो ने एक बार मजाक में कहा, *'हाफिज़ा तू हर महीने काम बदलती है, क्या हज़बैंड भी बदलेगी?'*

मेहर बानो अपनी बेटियों के साथ बहुत घुल-मिलकर और दोस्तों की तरह रहती थीं।

'माँ हमारी सहेली थीं... अगर कभी हमें कोई लड़का छेड़ता था तो हम माँ को जाकर बोलते थे। हमने कभी भी माँ से कोई बात नहीं छिपाई।'

जब हाफिज़ा को मोहम्मद से प्यार हुआ तो उन्होंने बेझिझक ये बात अपनी माँ को बता दी। अम्मी खुश थीं कि उनकी बेटी को जीवनसाथी मिल गया था और उन्होंने उन्हें अपना आशीर्वाद दिया। इस तरह, 21 साल की उम्र में, हाफिज़ा का नया जीवन शुरू हो गया। अपने पिछले जीवन से बहुत जुदा।

'मेरे हज़बैंड अनपढ़ थे... सब लोग मुझे पूछते थे क्या कर रही है। क्या वहाँ एडजस्ट हो पाएगी? पर शादी तो दिल की बात है।'

हाफिज़ा का ससुराल श्रीनगर के डल गेट एरिया में था। ये शहर से सिर्फ एक तंग से, गंदे रस्ते से जुड़ा था, जिसके दोनों तरफ झील थी। बरसात और सर्दियों में वहाँ के निवासी मुख्य नगर से पूरी तरह कट जाते थे। इसीलिए डल गेट किसी गाँव की तरह पिछड़ा हुआ ही रहा।

उनके पति का परिवार बड़ा था—एक शादीशुदा भाई और तीन कुंवारी बहनें—सब एक ही छत के नीचे रहते थे। खाने के लिए बहुत सारे लोग थे और पैसे बहुत कम। हाफिज़ा खाली बैठने वालों में से नहीं थीं, उन्होंने आरी (हाथ की कढ़ाई) करके कुछ पैसे कमाने शुरू कर दिए।

उन्होंने अपनी ननद और गाँव की दूसरी लड़कियों को भी दस्तकारी सिखाई।

लेकिन हाफिज़ा को मजा पढ़ाने में आता था। शाम को, वो पड़ोस के किशोर लड़कों को इकट्ठा करके उन्हें ट्यूशन पढ़ातीं।

'वो लड़के कहते थे कि आप बहुत अच्छी तरह समझाते हो। तो मुझे अच्छा लगा।'

उनकी क्लास शाम को होती और अक्सर उस समय लाइट चली जाती। कोई दूसरी औरत होती तो शायद डर जाती—कि इतने मर्द और मैं अकेली औरत। लेकिन हाफिज़ा को पूरा भरोसा था कि कुछ गलत नहीं होगा।

'मुझे एक अलग भरोसा था अपने आप पर...'

वांत मोहल्ला में एक सरकारी केंद्र भी था, जहाँ एनएफ़ई (अनौपचारिक शिक्षा) उपलब्ध कराई जाती थी। जब केंद्र को अहसास हुआ कि हाफिज़ा आठवीं क्लास तक पढ़ी हैं, तो उन्होंने उन्हें पार्ट टाइम काम करने का मौका दिया।

'मैं उस मोहल्ले की अकेली पढ़ी-लिखी औरत थी। इसलिए बिना एक्सपिरियंस के मैं टीचर बन गई।'

हर रोज, एक घंटा हाफिज़ा युवा लड़कियों को उनका नाम लिखना, थोड़ी जमा-घटा और कुछ उर्दू पढ़ना सिखातीं।

'ज़्यादा तो कुछ नहीं सिर्फ सौ रुपए मिलते थे... पर ये काम मेरा कुदरती शौक है!'

हाफिज़ा ने एनएफ़ई क्लास के माध्यम से 60-70 लड़कियों को पढ़ाया। जबकि लड़कियाँ और पढ़ना चाहती थीं, स्कूल जाना चाहती थीं, लेकिन उनके अभिभावकों को इसमें कोई दिलचस्पी नहीं थी।

ऐसा, वो अपने परिवार में भी देख सकती थीं। हाफिज़ा की एक ननद का देहांत हो गया था, जो अपने पीछे पांच बेटियों को छोड़कर गई थीं। उनकी आखरी इच्छा थी कि हाफिज़ा उनकी बेटियों का पालन-पोषण करें।

'मैं अपने बेटे के साथ उसकी बड़ी बेटी को इस्कूल भेजना चाहती थी पर उसका बाप राजी नहीं था।'

बहुत शोर-शराबा हुआ। लोग पूछते, उस लड़की के लिए तुम अपने गले में फंदा क्यों डाल रही हो? वो कहते, अपने काम से काम रखो। लेकिन हाफिज़ा दृढ़ थीं। दरअसल, उन्होंने चालाकी से लड़की का दाखिला शेख अब्दुल्ला की पत्नी द्वारा चलाए जाने वाले स्कूल में करा दिया। वो जानती थीं कि लड़की का बाप बेगम के सामने बोलने की हिम्मत नहीं कर पाएगा।

'आज वही लड़की नौवीं पास है और अपने बाप का सहारा है।'

हाफिज़ा में हमेशा से कमजोर और बेबस लोगों की मदद की ख्वाहिश थी। अगर वो सड़क पर किसी कुत्ते को भी पिटते हुए देखतीं तो उसे बचाने दौड़ पड़तीं।

'मुझे बर्दाश्त नहीं होता था... माँ कहती थीं कि एक दिन तू अपने को फंसा लेगी।'

ऐसी चेतावनियां हाफिज़ा को वो करने से नहीं रोक पाईं, जो उन्हें सही लगता था।

वो मोहल्ले में लड़कियों के घर जातीं और उनके घरवालों को समझातीं। आप अपने लड़कों को पढ़ा रहे हो? बहुत बढ़िया। लेकिन आपको अपनी लड़कियों को भी पढ़ाना चाहिए। क्यों? इसमें आपका ही फायदा है।

और धीरे-धीरे, बहुत ही धीरे, उन्होंने इस बात को मान लिया। एक दिन, किसी के घर पर एक निमंत्रण पत्र पहुँचा। और वो लड़की, जिसने एनएफ़ई की क्लास ली थी, भेजने वाले का नाम पढ़ पाई। उसके पिता ख़ुशी से झूम उठे।

वो हाफिज़ा के पास आए और बोले, *'सिस्टरजी आज हमारी इज़्ज़त बच गई।'*

वांत मोहल्ले में हाफिज़ा को अब सिस्टरजी के नाम से जाना जाने लगा था। सम्मान की पहचान, प्यार की पहचान।

लेकिन इतनी कोशिशों के बावजूद भी, थोड़े ही बच्चे औपचारिक स्कूल में गए। नजदीकी स्कूल भी एक घंटे की दूरी पर था और वहाँ सिर्फ एक ही टीचर था। वो भी कभी आता था, कभी नहीं।

1999 में, सिक्योर फ्यूचर नाम का एक एनजीओ वांत मोहल्ले में आया।

'उन्होंने यहाँ पर प्राइवेट स्कूल खोला और बच्चों को पढ़ाना शुरू किया।'

एनजीओ ने बारहवीं पास दो लड़कों और आठवीं पास हाफिज़ा को अपने यहाँ नियुक्त किया। लड़के कभी भी ईमानदारी से स्कूल नहीं आते थे, तो हाफिज़ा को वहाँ प्रोजेक्ट कोऑर्डिनेटर बना दिया गया।

लेकिन छात्रों को लेकर आना आसान नहीं था। वो सब अपने घरवालों की मदद करने में व्यस्त थे। कोई मछली पाल रहा था, तो कोई खेती कर रहा था, तो कुछ तिनकों की चटाई बुन रहे थे। हमें स्कूल जाने का क्या फायदा? हाफिज़ा का काम ही इस मानसिकता को बदलना था।

लेकिन इतनी बड़ी बात शुरू कैसे करें? पहले तो बेसिक बदलाव से ही शुरुआत करनी होगी।

पहली चीज जो हाफिज़ा ने शुरू की, वो था सफाई अभियान। बच्चों को साफ-सफाई के बारे में पढ़ाना।

'बच्चों के नाख़ून बड़े होते थे, उनमें मैल होता था, आंगन गंदे हुआ करते थे... हमने इस पर पहले काम शुरू किया।'

उन्होंने बच्चों को सफाई के लिए एक गाने के जरिये प्रेरित किया—'*मुझे साफ करो*'।

बीमारी भी कुछ कम नहीं, फिर भी तुमको कुछ गम नहीं।
माहौल पे अपने इंसाफ करो, मुझे साफ करो, मुझे साफ करो।

शुरुआत में उन्हें अपनी क्लास साफ रखनी सिखाई गई। फिर, सप्ताह में दो बार, वो झाड़ू लेकर पूरे मोहल्ले की सफाई करते।

'लोग हैरान थे कि ये क्या हो रहा है.... पर फिर उनको अच्छा लगा। दिल खुश हुआ।'

फिर, और ज़्यादा बच्चों को स्कूल में लाने के लिए हाफिज़ा ने एक अनोखे तरीके का इस्तेमाल किया। वो गली के कोने पर एक ढोल के साथ खड़ी होतीं। फिर जब भीड़ जमा हो जाती, तो वो गाने गाकर कोई कहानी सुनातीं। उन्हें प्रेरित करने के लिए—आप भी इस्कूल आइए।

लड़कियों को आकर्षित करने के लिए, हाफिज़ा उन्हें क्लास में बुलाकर कैरम जैसे गेम खेलतीं। वो गाने गाते, एक-दूसरे को चुटकुले सुनाते। फिर, एक दिन, बिना किसी का ध्यान गए, सिस्टरजी ने उन्हें मैथ का कांसेप्ट समझाया। हिसाब कितना जरूरी है। वो रोजमर्रा की चीजों से उन्हें जमा-घटा सिखातीं।

'वो लोग रोज साग बांधते थे तो उसमें तिनका होता है, उससे गिनती सिखाना शुरू किया।'

धीरे-धीरे लड़कियों को क्लास में मजा आने लगा। वो जल्दी-जल्दी अपने घर का काम ख़त्म करतीं, ताकि स्कूल आ सकें।

इस नए विकास पर मिलीजुली प्रतिक्रियाएं आईं । कुछ लोगों ने हाफिज़ा का साथ दिया, लेकिन ज़्यादातर उनसे नाखुश थे।

'कुछ लोगों ने मेरी बदनामी शुरू कर दी... कि इसके बाप का कोई पता नहीं है।'

हाफिज़ा इस कड़वे घूंट को पी गईं । लोगों के सामने वो शांत और मजबूत बनी रहीं।

'मैं रोती थी... मगर चुपके-चुपके।'

इम्तेहान तो अभी और भी बाकी थे। एक सुबह उन्होंने पाया कि किसी ने उनका बदनामी भरा परचा छपवाकर उनके घर के बाहर लगवा दिया है। बुरा तो लगा, लेकिन टूटने के बजाय, हाफिज़ा ने रचनात्मक तरीके से अपने भावों को व्यक्त किया। उन्होंने छोटी-छोटी शायरी लिखना शुरू कर दिया।

जिंदाबाद जिंदाबाद। सिक्योर फ्यूचर एनजीओ जिंदाबाद।
मेरे लिए कमाल कश्मीर बनाया, एनएफ़ई क्लास इसमें चलवाया।
मेरा दिल हुआ शाद, जिंदाबाद जिंदाबाद।
जो ख़ुशी देना था अपनों ने मेरी,
वो ख़ुशी मिली एसएफ़ के डेरे,
ज़िंदगी हुई आबाद, जिंदाबाद।

मोती माला में खुशियां हैं आईं,
बच्चों ने मिलकर कसम है खाई,
होंगे हम कामयाब, जिंदाबाद जिंदाबाद।

बेशक हाफिज़ा अब तक उनके काम का विरोध करने वाले बाहरी लोगों से लड़ रही थीं। लेकिन उन्हें अभी बहादुरी के एक और इम्तेहान से गुजरना था।

जब लोगों को अहसास हुआ कि हाफिज़ा हार मानने वालों में से नहीं हैं, तो उन्होंने उनके पति को भड़काना शुरू कर दिया। वो तब तक उनके कान भरते रहे, जब तक कि सच में उनके दिमाग पर असर नहीं हो गया।

'तुझे अगर यही काम करना है तो मैं तुझे तलाक दे दूँगा!' वो चिल्लाये।

हाफिज़ा ने भी एक कड़ा कदम उठाया। उन्होंने कहा, *'कमाल है इस वक़्त आपको मेरा साथ देना चाहिए न कि मोहल्लेवालों का!'*

मैं बस लड़कियों को पढ़ाने का काम ही तो कर रही थी। ये गलत कैसे हो सकता था। ये तो कानून के भी खिलाफ नहीं था।

'फिर भी अगर आप तलाक देना चाहते हो तो ये भी याद रखना कि मैं यहाँ से निकलने वाली नहीं हूँ।'

'अगर लड़की कमाऊ होगी, पढ़ी-लिखी होगी तो ससुराल भी चला सकती है और माँ-बाप का भी ख्याल रख सकती है।'

सिस्टरजी उसी मोहल्ले में रहकर अपना काम करने वाली थीं। जब तक की एक-एक बच्चा स्कूल जाना शुरू न कर दे।

हाफिज़ा के पति मान गए। ठीक है—तुम अपना काम करो, मैं तुम्हें नहीं रोकूंगा! और सिस्टरजी ने तबसे पीछे मुड़कर नहीं देखा।

हाफिज़ा का काम अब बच्चों से आगे बढ़कर माँ ओं तक पहुँच गया है। वो क्लास लगाकर उन्हें छोटे-छोटे काम सिखाती हैं, जैसे वक्त की पाबंदी।

वांत मोहल्ले के अब अधिकांश परिवार शिक्षा के महत्व को समझने लगे हैं। हाफिज़ा की मदद से, उनको सरकारी स्कूलों में दाखिला भी मिल गया है। आज, उन बच्चों में बीसियों बच्चे स्नातक हो गए हैं।

'शुरू में गालियाँ दीं, लेकिन इस समय सिस्टरजी कहते हुए थकते नहीं हैं...' वो हंसती हैं।

सिस्टरजी पारिवारिक विवाद सुलझाती हैं, पति और पत्नियों को समझ देती हैं, और कभी-कभी सिर्फ ध्यान से उनकी बातें सुनती हैं। अगर आप सिस्टरजी को कुछ बताते हैं, तो वो उन्हीं तक रहता है। इसका आप भरोसा कर सकते हो!

इन सालों में, हाफिज़ा ने सफाई के प्रति और जन्म व मृत्यु को रजिस्टर करवाने के प्रति जागरूकता फैलाई, उन्होंने लड़कियों को कढ़ाई का भी प्रशिक्षण दिया जिससे वो कुछ पैसे कमाकर अपने पैरों पर खड़ी हो सकें।

'आज हर एक औरत के पास पैसे हैं। बैंक में अपना अकाउंट है!'

और लड़कियाँ बहुत स्मार्ट हो गई हैं, वो रोमियो टाइप लड़कों के बहकावे में नहीं आतीं। वो आत्मविश्वास से अपने मन की बात सुनती हैं। अगर कोई लड़की सच में किसी लड़के को पसंद करती है, तो वो अपने पेरेंट्स के पास जाकर कहती है, *'हम शादी करना चाहते हैं।'*

'उसमें क्या गलत है,' हाफिज़ा कहती हैं।

हाफिज़ा के अपने बच्चे भी—तीन बेटे और एक बेटी—अब बड़े हो रहे हैं और उन्हें अपनी माँ पर बहुत गर्व है। उनके पति उनका बहुत साथ देते हैं। वो जानते हैं कि संडे को भी हाफिज़ा घर पर बैठकर आराम नहीं कर सकतीं। कहीं न कहीं से उसके लिए बुलावा आ जाएगा!

जब बच्चे छोटे थे, तो उन्होंने सब कैसे संभाला? यहाँ पर जॉइंट फैमिली ने उनका बहुत साथ दिया।

'मेरे देवर और ननद ने बच्चों को पाला—मुझ पर कोई टेंशन नहीं था!'

टेंशन को अपनी ज़िंदगी से दूर रखना हाफिज़ा सीख गई हैं। वो मानती हैं कि 'अमन' की शुरुआत अपने घर से ही होती है। और औरतें ही आगे का रास्ता दिखा सकती हैं। अपनी तेज ज़ुबान पर काबू रखकर।

'जब कोई लड़ाई करता है, हमारी औरतें जवाब नहीं दिया करतीं। वो कहती हैं कि लड़ाई करने से क्या होगा!'

इस असामान्य सोच से रोजमर्रा के बहुत से झगड़े ख़त्म हो गए हैं।

हाफिज़ा का मानना है कि खुदा ने आदमी और औरत को बराबर का बनाया है। लेकिन उनकी ताकत अलग-अलग है।

'कुदरत ने मर्दों को जिस्मानी ताकत दी है और औरतों को रूहानी।'

एक लड़की भले ही शारीरिक रूप से कमजोर हो, लेकिन वो मानसिक रूप से मजबूत होती है। खुद की, अपने परिवार की और पूरी दुनिया की ज़िम्मेदारी उठाने में सक्षम।

बैंड-एड फैमिली

स्वाति करवा
नागपुर, महाराष्ट्र

'तुम मैरिड हो— तुम्हें अपने परिवार के लिए सब सहना चाहिए।' जब स्वाति की शादी में दरार आई, तो उनके पास दो विकल्प थे: या तो चुप रहकर सब सहते रहो, या अपने सम्मान के साथ वहाँ से निकल जाओ। उन्होंने चले जाने का रास्ता चुना। और अपने लिए एक नई ज़िंदगी बनाई।

स्वाति करवा को याद नहीं है कि वो कितने समय तक अंधेरे में रही थीं। लेकिन वो उठने की हिम्मत नहीं जुटा पा रही थीं।

एक घंटे पहले ही, उन्होंने अपने पति से सवाल पूछा था: क्या आपका अफेयर चल रहा है। दिल ही दिल में कहीं वो इसका जवाब जानती थीं, लेकिन फिर भी उन्हें अपने पति से सुनने की जरूरत थी।

उन्होंने स्वीकार कर लिया। उनका किसी से अफेयर चल रहा था।

स्वाति ने अपनी ज़िंदगी के पंद्रह साल एक घर, एक परिवार बनाने में लगाए थे। *'मेरा जन्म यहीं नागपुर में हुआ था, और बहुत ही शांत बचपन गुजरा, कोई बड़े मसले नहीं थे। दुःख तो कभी देखे ही नहीं थे। और, जब मैं कोई 11वीं-12वीं क्लास में थी, मुझे राजेश से प्यार हो गया। सात सालों तक मिलते रहने के बाद, हमने शादी कर ली।'*

युवा जोड़ा जानता था कि पहले कुछ साल मुश्किल गुजरेंगे, लेकिन उन्होंने सोचा कि प्यार सब जीत लेगा। राजेश अपना बिजनेस शुरू ही कर रहे थे और उनकी कोई कमाई नहीं थी, जबकि स्वाति परिवार की बेस्ट बहू बनने की कोशिशों में जुट गई थीं।

राजेश पुणे में थे और स्वाति कमलापुर में। लेकिन उन्हें उम्मीद थी कि एक दिन सब बदल जाएगा। उनके पास आभार जताने के लिए बहुत कुछ था—आखिर कितने जोड़ों को लव मैरिज के लिए घरवालों की सहमति मिल पाती है?

'मुझे ऐसी फीलिंग थी कि मैंने उसके परिवार को बहुत तकलीफ दी थी। ये शादी उन्होंने एक्सेप्ट की। जितना भी वो कर सकते थे, वो कर रहे थे। तो अब उन्हें खुश रखना मेरी ज़िम्मेदारी थी।'

शादी के पहले साल में, स्वाति और उनके पति राजेश बहुत कम ही एक-दूसरे से मिल पाए। तो, जब आख़िरकार स्वाति को पुणे जाकर रहने का मौका मिला, तो वो बहुत उत्साहित हो गईं । तब तक वो चार महीने की गर्भवती थीं।

'छोटा-सा घर था, उसको सेट किया। बहुत ही अच्छा लग रहा था। हमारे पास कुछ नहीं था। कोई अलमारी भी नहीं थी, कपड़े रखने के लिए। एक ही गद्दा था। सात दिन तक मेरे पास गैस सिलेंडर या स्टोव तक नहीं था। ऐसा, मतलब कुछ भी नहीं था, एक्चुअली घर में। लेकिन, फिर भी मैं बहुत खुश थी।'

हालाँकि तब भी कुछ मसले थे। राजेश अक्सर अपने दोस्तों में घिरे रहते थे और अपनी बीवी पर कुछ ध्यान नहीं देते थे। हर रात वो किसी न किसी को अपने घर ले आते थे और स्वाति को उनके लिए डिनर बनाना पड़ता। अक्सर, स्वाति के लिए खाने के लिए कुछ नहीं बच पाता था।

'प्याज़ टमाटर दाल में मुरमुरे मिला के कितनी बार खाया है।'

उसी समय, बड़े परिवार के लिए कमाने का दबाव भी दिन ब दिन बढ़ता जा रहा था। राजेश के पिता गुजर गए थे और पूरे परिवार की ज़िम्मेदारी उन पर ही आ गई थी। इससे भी दोनों के बीच तनाव बढ़ने लगा। पर किसी तरह गाड़ी आगे बढ़ रही थी...

राजेश के साथ ही, स्वाति ने भी एक प्राइमरी स्कूल में टीचर का काम करना शुरू कर दिया। महीने के आखिर में, जबकि राजेश का खुद का बिजनेस था, फिर भी स्वाति उससे ज़्यादा कमा रही थीं। लेकिन फिर भी उनकी तारीफ करने के बजाय, राजेश हर रोज उनसे कहते, *'तू बेवकूफ है, तुझमें अक्ल नहीं है!'* लेकिन युवा पत्नी इस अपमान को पीकर भी कभी शिकायत नहीं करती थी।

बच्चे बड़े होने के साथ, स्वाति को अपने पति के साथ बिताने के लिए और कम समय मिल पाता। उनमें बातें भी कम होने लगीं, और सिर्फ घरेलू मसलों पर ही उनमें बातें होतीं। साथ रहते तो थे मगर उनकी दुनिया बिल्कुल अलग थी।

एक सुबह जब राजेश बाथरूम में थे, स्वाति को उनके फोन पर मैसेज आने की आवाज सुनाई दी। उन्होंने ऐसे ही फोन उठा लिया और मैसेज पढ़ लिया। उसमें लिखा था, *'प्लीज मुझे मत छोड़ना।'* कितना अजीब मैसेज था! उनका दिल कह रहा था कि कुछ सही नहीं था।

अपने पति के यकीन दिलाने पर भी, स्वाति ने उस नंबर पर फोन किया। एक औरत ने जवाब दिया और बताया कि उसने राजेश से कुछ पैसे उधार लिए थे, जिसे वो लौटा नहीं पा रही थी। उसे डर था कि कहीं पैसों की वजह से राजेश उससे दोस्ती भी न ख़त्म कर दे।

स्वाति ने राजेश से पूछा, तो उन्होंने भी वही औरत वाली कहानी सुना दी।

'मैंने बोला, ओके फाइन। अभी तो पैसे आ गए, नहीं भी आएँगे तो उन पैसों को भूल जाओ। अभी छोड़ दो उसको। उन्होंने भरोसा दिलाया कि हां ठीक है—मैं नहीं बात करूँगा, मैं नहीं मिलूँगा। मैंने बोला, ओके।' स्वाति को अपने पति पर पूरा भरोसा था।

'मैंने फिर से उन पर भरोसा कर लिया। बेवकूफ नहीं हूँ, पर बुद्धू तो हूँ ही।'

उसी दिसंबर में, राजेश ने स्वाति पर दबाव डाला कि अपने पेरेंट्स के घर नागपुर हो आए। स्वाति को ये अजीब लगा क्योंकि वो पिछले महीने ही मायके गई थीं।

उन छुट्टियों के दौरान उनकी फोन पर भी ज़्यादा बातें नहीं हो पाईं और स्वाति को अपनी सास से पता चला कि राजेश रात को घर भी नहीं आ रहे थे।

उस दौरान स्वाति को पूरी तरह से शक रहा। वो इसे अनदेखा करना चाह रही थीं, लेकिन उनके मन को चैन नहीं आ रहा था। तो उन्होंने घर वापस जाकर उनसे साफ बात करने का फैसला किया।

जब राजेश ने उनका सवाल टालना चाहा, तो स्वाति कसकर अपने पति से लिपट गईं, इस उम्मीद से कि उनके मन का वहम गलत साबित हो।

'जब उन्होंने एक्सेप्ट कर लिया, तो मैं कुछ कह ही नहीं पाई। मैं दो दिनों तक कुछ बोल ही नहीं पाई। मैं बस हॉल में सोफे पर बैठी रही। दो दिन के बाद फिर मैंने उनसे बात की। फिर मैंने चिल्लाना शुरू किया और मैं धीरे-धीरे नियत्रंण खोने लगी।'

इस सबके दौरान स्वाति का साथ बस उनके दो बचपन के दोस्तों ने दिया, जो यूएस में रह रहे थे। पूरे दिन काम करने के बाद भी, उन्होंने पूरी रात जागकर उससे बातें कीं। उसे भरोसा दिलाया।

आखिरकार, स्वाति ने राजेश के अफेयर के बारे में अपनी सास को बताने का फैसला किया। अपने परिवार को अपने खिलाफ देखकर राजेश ने माफ़ी माँगी और सबसे कहा कि वो सब सही कर देगा।

पर बोलने और करने में बहुत फर्क होता है। और फिर जल्द ही राजेश अपने पुराने ढर्रे पर वापस आ गया। वो जानता था कि स्वाति उसे इतना प्यार करती थीं कि छोड़कर जा ही नहीं सकतीं। इसी के चलते, उन्होंने फिर से स्वाति को अनदेखा करना शुरू कर दिया। जब भी स्वाति उनसे किसी चीज के बारे में बात करना चाहतीं वो उन पर चिल्लाना शुरू कर देता।

स्वाति के ससुराल वाले देख सकते थे कि क्या हो रहा था, तो जब पहली बार स्वाति घर छोड़कर गईं, वो रोज उन्हें फोन करते—बेटी, वापस आ जा। पर उनकी शर्त थी कि जब राजेश उनकी एक जज आंटी द्वारा तैयार किए नियमों को मानेंगे, तभी वो वापस आएंगी।

ऐसा कभी नहीं हो सका। लेकिन स्वाति चुप रहीं क्योंकि वो अपने बच्चों के लिए एक सामान्य बचपन चाहती थीं। उन्होंने अपनी समस्या के लिए वास्तु, ज्योतिष इत्यादि का भी सहारा लिया, लेकिन कोई फर्क नहीं पड़ा।

दरअसल, हालात और बदतर होते जा रहे थे।

धीरे-धीरे राजेश ने अपनी माँ और भाई को भी स्वाति के खिलाफ कर लिया। और उनका खुद का बर्ताव बहुत बुरा होता जा रहा था।

हर दिन राजेश स्वाति पर झल्लाता। हर रात उन पर चिल्लाता। हालात इतने बिगड़ गए कि स्वाति को उनसे डर लगने लगा।

मैं हमेशा से चाहती थी कि मैं अपनी ज़िंदगी अपने हिसाब से जियूं। लेकिन अपना वुमनहुड कभी नहीं निखार पाई। भले ही अब मैं अकेली हूँ, मगर ख़ुद के लिए रेस्पेक्ट अब आया है।

'वो सेल्फ लॉक से चाबी खोल के अंदर आते थे। चाबी की आवाज मुझे बहुत डिस्टर्ब करती थी... मैं तकिया वकिया सब ऐसे कान पर रखकर सोती थी कि मुझे पता ही न चले कि वो कब घर आ रहे हैं।'

सब ऐसे ही चल रहा था, जब तक उन्हें वो कॉल नहीं आई। फोन उस औरत के पति का था, जिसका अफेयर राजेश के साथ था। उसने उन्हें एक फ्लैट का पता दिया और बताया कि राजेश और उसकी पत्नी वहीं मिलते हैं। उसने ये भी कहा, *'अगर आपको भरोसा नहीं है, तो अभी जाकर चैक कर लें।'*

स्वाति ने अपने घरवालों और जज आंटी को फोन किया, और उनके साथ उस फ्लैट पर गईं । वहाँ उन्होंने राजेश को एक औरत के साथ सीढ़ियाँ उतरते देखा। स्वाति अब तक इसलिए सहती आई थीं कि अफेयर उनके लिए ख्याली सोच थी। अब अचानक वो हकीकत बन गया था। उनकी नजरें उस दूसरी महिला से हट ही नहीं पा रही थीं।

'मेरी लाइफ में उतने सालों में मेरी कभी हिम्मत ही नहीं हो पाई थी... मैंने जाकर उन दोनों को थप्पड़ लगाया। पहले पति को, और फिर उस औरत को। मैंने कोई जवाब नहीं दिया और फिर हम लोग वापस आ गए।'

अब, स्वाति के पास ससुराल वालों के साथ रहने का कोई कारण नहीं था। वो बस उनकी मुफ्त की नौकरानी थी। वो उसी समय नागपुर के लिए निकल गईं। बच्चे सास के पास ही थे क्योंकि वो उनकी पढ़ाई ख़राब नहीं करना चाहती थीं।

इस बीच वो बस एक बार वहाँ आईं, सास की गुजारिश पर कि उन्हें मलेशिया जाना था और घर पर बच्चों का ध्यान रखने वाला कोई नहीं था। स्वाति को उम्मीद थी कि जब वो पुणे में उनके घर होंगी, तब राजेश उन्हें परेशान नहीं करेगा। दरअसल वो उम्मीद कर रही थीं कि वो लड़ाई से बचने के लिए शायद घर ही नहीं आएगा।

लेकिन एक दिन वो घर आया। *'मुझे चांटा मार के गया। तूने मुझे एक बार मारा था न, अभी एक का तो बदला ले लिया दूसरा उसको मारा था न, उसका भी बदला लूँगा। ऐसा कहके फिर चला गया।'*

स्वाति सदमे में थीं। कई घंटे तक तो वो इस सबको समझने की कोशिश कर रही थीं, दर्द में पूरी तरह सुन्न होकर। आख़िरकार उन्होंने वो घर हमेशा के लिए छोड़ देने की कसम खाई।

और एक बार बच्चों का सत्र ख़त्म होने पर, वो उन्हें हमेशा के लिए अपने साथ नागपुर ले आईं।

'मेरे पास कुछ नहीं था।' अपने परिवार और कुछ दोस्तों की मदद से, स्वाति अपनी नई ज़िंदगी बनाने में जुट गईं। उन्होंने अपने माता-पिता के घर के पास ही एक किराये का घर ढूँढ़ लिया। और फिर वो अपने बच्चों को पालने और घर बसाने में जुट गईं।

अब तक उनके बच्चों को समझ आ गया था कि कुछ तो बुरा हुआ था। *'पार्थ बस रोता रहता था। सिमरन थोड़ी सहमी थी।'*

उनका फोकस बस अपने बच्चों की देखभाल था। उन्होंने राजेश के खिलाफ घरेलू हिंसा और अपने बच्चों के हर्जाने का केस कर दिया था।

इस दौरान उनके ज्योतिषी दोस्त ने उन्हें रत्नों का बिजनेस करने की सलाह दी। अब तक स्वाति को अध्यात्म और पिछले जन्म के कर्मों में भी भरोसा हो चला था, तो उससे जुड़ा बिजनेस करने में उन्हें ख़ुशी ही थी।

इसके पहले वो एक नौकरी के लिए भी एप्लाई कर चुकी थीं और उन्हें तुरंत ही नौकरी मिल गई थी। इससे उनका आत्मविश्वास भी बढ़ा था। *'मैं बहुत खुश थी कि चलो अब मेरी लाइफ में थोड़ा कॉन्फिडेंस तो आया कि मैं सच में बेवकूफ नहीं हूँ।'*

इस समय स्वाति को हमेशा अपनी टीनेज बेटी, सिमरन की चिंता रही। *'मैंने पूरे दिल से कोशिश की कि इतना सब देखने पर भी उसकी वो मासूमियत न खो जाए। सिमरन किसी पर आसानी से भरोसा करेगी ही नहीं। मेरा बेसिक नेचर विश्वास ही है। मैं अभी भी उसे बताती हूँ कि लोगों पर भरोसा किया जा सकता है। एक आदमी ने अगर धोखा दिया है, तो इसका ये मतलब नहीं है कि सारे लोग एक जैसे हैं। बस आपको ध्यान रखना होता है।'*

पार्थ के साथ इतनी दिक्कत नहीं थी। वो तब बहुत छोटा था। *'अब वो खेलता है। अब तो वो याद भी नहीं करता। मैंने कभी नहीं सुना बच्चों से कि हमको पापा से मिलना है।'*

अब ये उनका पूरा परिवार है—*थोड़ा बैंड-ऐड लगा हुआ फैमिली, लेकिन फैमिली।*

आज स्वाति वो पहले वाली स्वाति नहीं हैं, जिनका कोई भी फायदा उठा सकता हो। वो प्यारी, होशियार और विश्वास से भरी हैं। अब उनके पास अपना अपार्टमेंट है और प्यारे बच्चे। उनका रत्नों का बिजनेस अच्छे से चल रहा है, और उन्होंने साड़ी डिजाईन करने का छोटा-सा काम भी शुरू कर दिया है। उनके बच्चों को उन पर गर्व है। सिमरन के लिए उनकी माँ हीरो हैं। पार्थ के लिए प्यारी दोस्त।

'13 साल के लड़के अपनी माँ को अपनी कमजोरियों के बारे में नहीं बताते। लेकिन पार्थ भावुक है। वो बात करता है। इसलिए वो सबके बारे में बात करता है।'

किसी भी औरत को अपना आत्म सम्मान नहीं छोड़ना चाहिए। अपने पति के लिए भी नहीं।

राजेश से मिले मानसिक उत्पीड़न के इतने सालों बाद, अब स्वाति शीशे में देखकर खुद से कह सकती हैं, *'तू बेवकूफ नहीं है।'*

तुम बेबाक हो, खूबसूरत हो, कमाल की हो, ख़ास हो। नारी कमजोर नहीं है, वो है शक्ति का रूप। अपना वो सुंदर रूप निकालो, अपना जीवन सुधारो।

वो शानदार महिला बनो, जो आप हो।

---

*निजी जानकारी को सुरक्षित रखने के लिए कुछ नाम बदल दिए गए हैं ।

बीइंग ह्यूमन

ज्योति धावले

मुंबई, महाराष्ट्र

'एचआईवी पॉजिटिव है— मत छुओ। लोग सोचते हैं कि एचआईवी मौत की सजा है। लेकिन ज्योति और उनके पति विवेक सुर्वे एक सामान्य वैवाहिक जीवन जी रहे हैं, ये साबित करते हुए कि प्यार ज़िंदगी की सबसे ताकतवर शक्ति है। डर से भी ज़्यादा ताकतवर।'

ज्योति धावले एक एयर फ़ोर्स ऑफिसर की बेटी थीं। उनका बचपन मिलिट्री कैंटोनमेंट के सुरक्षित घेरे में बीता। लेकिन उनके घर कुछ अलग ही मंजर था। ज्योति की माँ बहुत निर्दयी थीं, जो उन्हें एक छोटे से कमरे में बंद रखकर उनके साथ बुरा व्यवहार करतीं।

'सुबह के नाश्ते में कॉर्नफ्लेक्स और दूध मिलता था। जिसके अंदर छोटे-छोटे कीड़े मिलते थे।' और रात में हमेशा 'दूध-ब्रेड, दूध-ब्रेड, दूध-ब्रेड'। लंच में ही उन्हें प्रोपर खाना मिलता था, लेकिन उसमें भी प्लेट में सिर्फ एक ही बार।

ज्योति प्यार के बिना और अकेलेपन के साथ बड़ी हो रही थीं। और जब वो तीन साल की थीं तो उनके कानों में तकलीफ हो गई।

जब उन्होंने स्कूल में अपने दोस्तों को अपनी माँ के बर्ताव के बारे में बताया, तो वो हैरान थे। उनमें से एक ने पूछा: *'क्या ये तुम्हारी सौतेली माँ तो नहीं है?'*

ज्योति हैरान थीं। उन्होंने कभी नहीं पूछा था कि उनकी माँ कौन थीं। लेकिन ये सोचकर उन्हें फिल्मों में दिखाई गई सौतेली माँ का ही ख्याल आया।

नौवीं क्लास में ज्योति एक महिला से मिलीं, जिनसे वो मिलते ही सहज हो गईं। *'ये तुम्हारी असली माँ है,'* उनके दादा-दादी ने उन्हें बताया। ज्योति इस खबर को पचा नहीं पाईं और नौवीं क्लास में फेल हो गईं ।

जैसे-तैसे उन्होंने 12वीं क्लास तक की पढ़ाई पूरी की और एनआईओएस में दाखिला ले लिया। लेकिन घर के हालात बिगड़ते ही जा रहे थे। तो उन्होंने वहाँ से भाग जाने का फैसला किया।

एक साहसी, लेकिन डरी हुई 18 साल की लड़की शहर दर शहर काम की तलाश में घूम रही थी। पुणे से रांची, रांची से दिल्ली, दिल्ली से रायपुर और फिर आख़िरकार मुंबई। डिग्री, स्थिर इनकम और बिना किसी सहारे के—वो ज्योति के लिए सबसे मुश्किल दिन थे। लेकिन वो सब झेलती रहीं, क्योंकि उनके पास घर वापसी का विकल्प नहीं था।

आख़िरकार, ज्योति मुंबई पहुँचीं और उन्हें गोरेगाँव के एक स्कूल में बहरे बच्चों के शिक्षक की नौकरी मिल गई। चीजें सही आकार लेने लगीं। अब उनके पास स्थिर आय और कुछ दोस्त भी थे। उन्हीं दिनों उनकी मुलाकात अपने पति से हुई।

इतने सालों तक उपेक्षित रहने के बाद, जब उनके पति ने बताया कि वो पहले दिन से ही उनके प्रति आकर्षित थे तो ज्योति तुरंत उन्हें प्यार करने लगीं। चट मंगनी, पट शादी। और कुछ ही महीनों में वो गर्भवती हो गईं ।

ज्योति की खुशियों की कोई सीमा नहीं थी। आख़िरकार, उनके पास अब उनका परिवार होता। शादी के बाद के शुरुआती दिन कमाल के थे, और वो जल्द से जल्द अपने पति को ये बात बताना चाहती थीं।

लेकिन जब उन्होंने अपने पति को ये बात बताई तो उसका जवाब सुनकर हैरान रह गईं, *'अबोर्ट कर दो। अभी बच्चा नहीं संभाल सकते।'*

ज्योति का एक मन मना करना चाह रहा था, लेकिन उन्हें अपने पति की बात माननी थी। आखिरकार, वो आर्थिक और भावनात्मक रूप से उस पर निर्भर थीं।

तब उन्होंने पहली बार अपना बच्चा गिराया था। एक ही साल में उन्हें तीन और बच्चे गिराने पड़े। हर बार वो अपने पति की इच्छा का विरोध करना चाहती थीं।

'क्या इन बच्चों से आपको कोई लगाव नहीं है? अगर आपको बच्चा नहीं चाहिए तो कंडोम क्यों नहीं लगाते?'

उसने जवाब दिया, *'मुझे कंडोम पसंद नहीं है।'*

तो इस तरह बार-बार अबोर्शन कराने से उनके बदन में दर्द होने लगा। लेकिन उनके विरोध का कोई असर नहीं हुआ। हर बार, उन्हें अबोर्शन के लिए दूसरे अस्पताल में भेजा जाता।

ज्योति ने प्रेग्नेंसी से बचने के कई रास्ते अपनाए, लेकिन कुछ भी काम नहीं आया। दवाई लेने से उन्हें एलर्जी थी और वजाइनल गर्भनिरोध इस्तेमाल करने के लिए सेक्स से पहले 10-15 मिनट का समय चाहिए था। जब वो अपने पति से तैयारी का समय माँगती, तो वो उनकी बात सुने बिना उन पर चढ़ जाता। उस समय ज्योति को मैरिटल रेप और घरेलू हिंसा के बारे में कुछ नहीं पता था। और उन्हें लगता कि उनके सामने समर्पण के अलावा और कोई चारा नहीं था।

ज़िंदगी इसी तरह चल रही थी, जब तक कि ज्योति को अपने चौथी बार गर्भवती होने के बारे में पता नहीं चला। इस बार भी रूटीन चैकअप के बाद अबोर्शन की प्रक्रिया चल रही थी कि डॉक्टर ने उन दोनों को मिलने के लिए बुलाया।

अजीब था। पहले तो कभी किसी डॉक्टर ने उन्हें यूँ मिलने नहीं बुलाया था।

'आप एचआईवी पॉजिटिव हो,' डॉक्टर ने कहा। ज्योति को अपने कानों पर भरोसा ही नहीं हुआ। ऐसा कैसे हो सकता था? उन्हें ये वायरस कैसे मिला होगा?

डॉक्टर ने आगे कहा: *'ज्योति एचआईवी पॉजिटिव होने के बावजूद भी तुम इस बच्चे को रख सकती हो। एंटी रेट्रोवायरल ट्रीटमेंट के जरिये तुम्हारे बच्चे के एचआईवी पॉजिटिव होने के 5% चांस हैं। लेकिन अगर तुमने ये बच्चा गिराया तो फिर तुम कभी माँ नहीं बन सकोगी।'* एक समय डॉक्टर मानते थे कि एचआईवी पॉजिटिव पेशेंट का इलाज सिर्फ परहेज ही है। तब तक पीआरईपी दवाइयां सामने नहीं आई थीं, जिनसे 90% तक एचआईवी को कम किया जा सकता था।

डॉक्टर के शब्द ज्योति के दिमाग में गूंज रहे थे। और वो उस समय बस अपने अंदर पल रहे छोटे से बच्चे के बारे में ही सोच पा रही थी।

'मैं इस गर्भ को रखना चाहती हूँ,' उनके मुँह से निकला। और वही सच था। डॉक्टर के सामने, ज्योति का पति भी उन्हें कुछ नहीं कह पाया। अब ज्योति की कड़ी दवाइयां शुरू हो गईं । दिन में दो बार, निश्चित समय पर उन्हें अपनी दवाइयां लेनी पड़ती थीं। दवाई लेने में कोई देरी नहीं चल सकती थी।

लेकिन एचआईवी पॉजिटिव होने का सदमा वो अभी भी दिल से नहीं निकाल पा रही थीं। ऐसा क्यों हुआ मेरे साथ? मेरे साथ क्यों? ज्योति सिर्फ इतना जानती थीं कि एचआईवी सेक्स के जरिये फैलने वाला वायरस था। लेकिन न तो उनका, न ही उनके पति का कोई और शारीरिक संबंध था। और उनके पति का एचआईवी टेस्ट भी नेगेटिव आया था।

फिर उन्हें उन टेस्ट्स का ख्याल आया, जो उन्होंने पिछले अबोर्शन के दौरान कराए थे। शायद उनमें से ही किसी अस्पताल ने उन्हें इन्फेक्टेड ख़ून चढ़ा दिया था। लेकिन हर बार उन्होंने उन कागजों को फाड़ दिया था, तो अब उनके पास ये पता करने का कोई जरिया नहीं था कि उन्हें ये इन्फेक्शन कहाँ से मिला था।

आज के दिन तक भी ज्योति नहीं समझ पाई हैं कि ये कैसे हुआ।

इस भयानक खबर के छह महीने बाद, ज्योति ने एक खूबसूरत, एचआईवी-नेगेटिव बेटे को जन्म दिया। उन्होंने उसका नाम ललितेश रखा।

इस दौरान ज्योति को अपने पति के बर्ताव में बदलाव महसूस हुआ था। वो उनसे दूर हो गया था और अक्सर चुपचाप फोन पर बातें किया करता था। अब वह उनकी दवाई का खर्च भी देने से मना कर देता था। इसके बिना ज्योति की जान को खतरा हो सकता था।

तो उन्होंने मामले को अपने हाथ में लेने का फैसला किया। उन्होंने इंटरनेट पर बंगलौर में एक आईटी कंपनी में नौकरी ढूंढ़ ली। और, निराशा से, वो अपने बच्चे और पति को छोड़कर बंगलौर में नौकरी करने चली गईं ।

एक ही महीने में, उसे कामवाली का फोन आया। *'आप वापस आ जाओ। घर में कुछ ठीक नहीं है।'*

घर आने पर ज्योति को पता चला कि उनके पति का किसी से अफेयर चल रहा था। और वो उससे तलाक लेना चाहता था। ज्योति को लगा कि उसकी पूरी दुनिया ख़त्म हो गई। उन्होंने अपने पति से साथ रहने की भीख माँगी। उन्होंने उस

महिला से भी बात की, जिससे उनके पति का अफेयर था, लेकिन कोई फायदा नहीं हुआ।

हर दिन उनका पति उनसे लड़ता, उन्हें किसी भी तरह नीचा दिखाने की कोशिश करता। लेकिन ज्योति किसी भी कीमत पर अपनी शादी को बचाना चाहती थीं।

लेकिन जब लड़ाइयाँ हिंसक हो गईं तो ज्योति के दोस्तों ने उन्हें तलाक दे देने की सलाह दी। और फिर जब ज्योति के पास कोई विकल्प नहीं था, तो उन्होंने आखिरकार कागजों पर साइन कर दिए।

आगे के दिन ज्योति के लिए अंधेरे भरे थे। निराश और अकेलेपन में उन्हें अपने बच्चे की याद आती थी। उनके पति ने बेटे की कस्टडी ले ली थी और ज्योति को उससे मिलने से भी मना कर दिया था। ज्योति के पिता का परिवार भी उनसे मिलने नहीं आया था, क्योंकि उनके लिए वो पहले से ही 'चरित्रहीन' थीं। क्योंकि वो घर से भाग गई थीं।

लेकिन उन अंधेरे पलों में भी आशा किसी और तरफ से उन तक आई।

ज्योति एक सॉफ्टवेयर कंपनी में रात की शिफ्ट में काम कर रही थीं, लेकिन अपने स्वास्थ्य और काम के ऐसे घंटों के बीच वो मैनेज नहीं कर पा रही थीं। तो उन्होंने अपने टीम लीडर से बात करके काम के घंटे बदलवाने की कोशिश की।

'क्यों? मैं ऐसे ही आपका टाइम चेंज नहीं कर सकता। उसके लिए आपके पास कोई बढ़िया-सा कारण होना चाहिए।'

'मेरे पास कारण है—मैं एचआईवी पॉजिटिव हूँ। पूरी रात काम करने से मेरी हेल्थ पर असर पड़ रहा है।'

टीम लीडर हैरान था, लेकिन खुद को संभालते हुए उसने उनसे वादा किया कि वो अपने बॉस से बात करके उनकी मदद करवाने की कोशिश करेगा।

जल्द ही, ज्योति को एक मीटिंग में बुलाया गया, जहाँ एचआर हेड के साथ कुछ और सीनियर लोग भी थे। ज्योति ने खुद को बुरे के लिए तैयार कर रखा था—वो एचआईवी की वजह से उन्हें नौकरी से भी निकाल सकते थे। लेकिन उनसे बहुत से सवाल पूछने के बाद, उन्होंने कहा, *'ओके। तुम्हारा काम अच्छा है और तुम्हारी ऐसी हालत के चलते, हम तुम्हारी टाइमिंग चेंज कर देंगे।'*

भरोसे और प्यार के इस कदम ने ज्योति को उम्मीद की नई किरण दिखाई। अगर ये लोग उन्हें सपोर्ट कर सकते थे, तो दूसरे लोग भी।

सपने अभी भी सच होने बाकी थे।

एचआईवी और एड्स में क्या फर्क था?
क्या ये मुझे छूने से या किस करने से हो सकता था?
(जवाब है 'नहीं'।)

ज्योति ऑनलाइन चैट प्लेटफॉर्म पर विवेक सुर्वे नाम के इंसान से मिलीं। उन्होंने पहले भी कई बार उनकी फ्रेंड रिक्वेस्ट ठुकरा दी थी, लेकिन वो दृढ़ थे। आख़िरकार, उन्होंने विवेक की रिक्वेस्ट एक्सेप्ट कर ली। उन दोनों ने छह महीने तक चैटिंग की, लेकिन किसी तरह उनकी बातें सामान्य से आगे नहीं बढ़ पाई थीं।

लेकिन जब ज्योति के पिता का देहांत हुआ, और उनकी सौतेली माँ ने उन्हें पास तक नहीं आने दिया, तो विवेक ही वो कंधा थे, जिसने उन्हें सहारा दिया था।

'सौतेली माँ के खिलाफ गुस्सा और नफरत व पिता की मौत का गम मुझे खाए जा रहा था। मेरा बेस्ट फ्रेंड दुबई में था, लेकिन मेरा नया दोस्त, विवेक मेरा साथ देने के लिए मेरे पास आया।'

उसके इस व्यवहार से ज्योति को सच में बहुत अच्छा लगा, और दोनों ने आने वाले वीकेंड पर मिलने का फैसला किया।

जल्द ही दोस्ती के आगे बढ़ने पर, दोनों ने डेटिंग शुरू कर दी। ज्योति ने अभी तक विवेक को अपने एचआईवी पॉजिटिव होने के बारे में नहीं बताया था। उन्होंने खुद से कहा था कि पूरी तरह तैयार होने के बाद ही मैं ये बात विवेक को बताऊंगी।

जब उनका मामला गंभीर होने लगा तो, ज्योति ने अपने बारे में विवेक को बताया।

विवेक की प्रतिक्रिया उम्मीद के मुताबिक ही थी।

'तुम ये सब मुझे तीन महीनों के बाद बता रही हो!' विवेक उस समय के बारे में सोच रहे थे, जब उन्होंने ज्योति को किस किया था। अब उन्हें डर लग रहा था: *'अगर मुझे भी एचआईवी हो गया तो?'*

विवेक तीन महीनों के लिए ज्योति की ज़िंदगी से चले गए। कोई फोन नहीं, कोई मैसेज नहीं। कुछ नहीं। ज्योति ने खुद से कहा, *'चलो कोई बात नहीं। जो हुआ अच्छा हुआ—शायद वो मेरे लिए था ही नहीं।'* और आगे बढ़ने का फैसला किया।

लेकिन दिल से वो कहीं न कहीं तब भी विवेक का इंतजार कर रही थीं। और विवेक, इतना कुछ होने के बाद भी उन्हें भुला नहीं पा रहे थे।

तीन महीने तक, विवेक एक डॉक्टर से दूसरे के पास जाकर एचआईवी पर जानकारी जमा कर रहे थे। एचआईवी और एड्स में क्या फर्क था? क्या ये मुझे छूने से या किस करने से हो सकता था? क्या मुझे ज्योति से दूर रहना चाहिए?

आख़िरकार, विवेक ने ज्योति को मैसेज किया— *'मैं तुमसे मिलना चाहता हूँ। क्या मैं तुम्हारे घर आ सकता हूँ?'* जब वो मिले, तो विवेक ने बताया कि वो सच में डर गए थे, लेकिन उनका प्यार कभी कम नहीं हुआ था।

'अगर तुम दोबारा मुझे छोड़ गए तो? मैं तुम पर भरोसा कैसे करूँ?'

'मैं डरा हुआ हूँ, प्लीज मेरे साथ रहो, जिससे मैं इस डर से बाहर आ सकूँ।'

ज्योति ने साथ रहने का फैसला किया।

दो साल बाद, ज्योति और विवेक ने शादी कर ली। शुरुआत में विवेक के घरवाले उनकी शादी के खिलाफ थे, लेकिन उन दोनों का साथ देखकर, उन्हें भी राजी होना पड़ा।

शादी के बाद भी, ज्योति जानती थीं कि उनके ससुराल वाले डरते हैं—उनसे नहीं, उनकी बीमारी से। लेकिन धीरे-धीरे ज्योति और विवेक उन्हें समझा पाए कि एचआईवी थूक या छूने से नहीं फैलता है। एचआईवीग्रस्त इंसान को भी किसी दूसरे इंसान की तरह ही प्यार किया जा सकता है।

आज, ज्योति एक एचआईवी एक्टिविस्ट हैं, और बेदार की एम्बेसडर भी। बेदार एक पाकिस्तानी एनजीओ है, जो एचआईवी और एड्स के बीच के फर्क पर जागरूकता फैलाता है। वो उनके ब्लॉग 'द गर्ल लाइक मी' पर लिखती भी हैं।

यहाँ तक कि उनकी सास भी, जिन्होंने कभी कहा था, *'कि पब्लिसिटी में मत आओ,'* आज उन पर गर्व करती हैं।

और विवेक और ज्योति की लव स्टोरी उन सब लोगों के लिए एक मिसाल है, जो सोचते हैं कि एचआईवी पॉजिटिव किसी एचआईवी नेगेटिव इंसान के साथ सामान्य जीवन नहीं जी सकते।

क्योंकि प्यार ऐसा वायरस है, जिसे कोई हरा नहीं सकता। न तो समाज, न कलंक। ये बस बढ़कर दिलों को आशा से भर देता है। एक नए भविष्य के लिए।

बिंदास

बिंदास लड़की का मतलब वो जो थोड़ी 'कूल' हो। लेकिन बिंदास होने की असली निशानी कपड़ों से या एक्सेंट से नहीं, अपनी सोच से पता चलती है।

असली जादू

सनम करुणाकर
मुंबई, महाराष्ट्र

'ज़िंदगी एक सफर है सुहाना—यहाँ कल क्या हो, किसने जाना।' ज़िंदगी एक पल में बदल सकती है—अच्छा भी हो सकता है, या बुरा भी। सनम जब 16 साल की थीं तब उनकी ज़िंदगी ने एक भयानक मोड़ लिया। लेकिन बजाय रोने, खुद को कोसने या निराश होने के, सनम ने हकीकत का डटकर सामना किया। और ज़िंदगी का नया जज़्बा तलाशा।

17 अप्रैल 1995 को, सुबह के 5 बजे, सनम और उनके परिवार का एक भयानक एक्सीडेंट हुआ। जिस कार में वो सफ़र कर रहे थे वो पुणे में, संचेती हॉस्पिटल के सामने एसटी बस से टकरा गई। छह दिनों तक, सनम अपनी ज़िंदगी और मौत से लड़ती रहीं, कभी होश आता और कभी चला जाता। जब आख़िरकार उन्हें होश आया, तो 16 साल की सनम के गले पर गहरी चोट थी।

'मैं छाती के नीचे अपने शरीर का कोई अंग नहीं हिला सकती थी। मुझे कुछ महसूस भी नहीं हो रहा था।'

सनम को रीढ़ में गहरी चोट लगी थी। छाती से नीचे के उनके हिस्से को लकवा मार चुका था।

लेकिन मुश्किलें यहीं खत्म नहीं हुई थीं। अपने एक्सीडेंट के 10वें दिन सनम को पता चला कि उनके पेरेंट्स चल बसे हैं।

'मैं कई दिनों तक रोती रही... जो हुआ था, मैं उसे स्वीकार नहीं कर पा रही थी।'

शायद ये कोई बुरा सपना था, मैं उठूंगी और सबकुछ 'नॉर्मल' हो जाएगा।

लेकिन अफ़सोस, ये सब सच था। सिर्फ एक ही चमत्कार हुआ था कि सनम की छोटी बहन आयशा, कार टकराते ही बाहर गिर गई थीं, और उन्हें हलकी चोटें ही आई थीं।

नानी ने उस मुश्किल हालात को संभालते हुए उनके पास मुंबई आने का फैसला किया। सनम ने अगले 11 महीने पारसी जनरल हॉस्पिटल में गुजारे, जहाँ दिन-रात उनकी नानी उनके साथ थीं। सनम की एक के बाद एक, कई सर्जरी की गईं ।

मैं क्यों? गॉड ने मुझे पीछे तड़पने के लिए क्यों छोड़ दिया?

सनम अपने मलमूत्र पर भी कंट्रोल नहीं कर पा रही थीं। और पूरा दिन लेटे रहने से उन्हें बहुत बुरे घाव भी हो गए थे।

'रोज मेरे कपड़े बदलने, स्क्रब और सफाई में एक-डेढ़ घंटा लगता था।'

आख़िरकार, सनम की प्लास्टिक सर्जरी शुरू हुई, और फिर 'टेंडन ट्रांसफर' नाम की प्रक्रिया। इसमें, सनम के पैरों की कोशिकाएं उनकी उंगलियों में ट्रांसफर की गईं, जिससे उनकी पकड़ मजबूत हो सके।

'टांके बहुत छोटे और मेरी खाल में गढ़े हुए थे... मुझे याद है कि वो सबसे दर्दनाक ऑपरेशन था।'

उन उंगलियों से मैं क्या करूँगी? मेरा भविष्य क्या होगा?

आख़िरकार, डॉक्टर ने सनम को घर जाने की इजाज़त दे दी। उन्हें नानी के घर पर

शिफ्ट कर दिया गया—उनका ध्यान रखने के लिए दो नर्सें भी थीं। यह महंगा लेकिन जरूरी था। किस्मत से, सनम का जन्म पारसी परिवार में हुआ था, तो समुदाय के कई ट्रस्टों ने उनकी मदद की।

'एक महिला थीं, शायला वत्चा नाम की, वो हमारे लिए एंजल थीं।'

साल, दो साल गुजरते हुए, चीजें रूटीन पर आने लगीं। लेकिन सनम दुःखी और निराश रहतीं। इस समय नानी ने नई दिल्ली के, इंडियन स्पाइनल इंजरी सेंटर के बारे में सुना। सनम को वहाँ तीन महीनों के लिए भर्ती किया गया। वो उनकी ज़िंदगी का सबसे बड़ा बदलाव का पल था।

'अधिकांश, पेशेंट निराश थे, लेकिन वहाँ एक लड़का था, जो कभी खिलाड़ी रहा था, उसमें गजब की सकारात्मकता थी!'

वहाँ सनम ने कई छोटी, लेकिन इम्पॉर्टेन्ट चीजें सीखीं, जैसे फीते बांधना, चेन खोलना, पेन पकड़ना, चम्मच से खाना। 'इम्पॉसिबल' अचानक पॉसिबल लगने लगा।

दिखाओ मुझे, बताओ मुझे, और सिखाओ मुझे। मैं जीना चाहती हूँ, मैं बढ़ना चाहती हूँ!

सनम को सिखाया गया कि हॉस्पिटल के बिस्तर की बजाय नॉर्मल बिस्तर पर कैसे सोया जाए। बिस्तर से कुर्सी पर कैसे बैठे। और कार में कैसे बैठे।

'मैं दिल्ली घूमने गई—मुझे बहुत मजा आया और मुझे बेहतर महसूस हुआ।'

जब सनम मुंबई लौटीं तो वो ज़्यादा खुश और विश्वस्त थीं। नानी ने तय किया कि अब कुछ बदलने का समय आ गया है। वो लड़कियों को और ज़्यादा आत्मनिर्भर बनाना चाहती थीं, तो वो वहाँ से चली गईं । सनम और आयशा अब अकेले थे।

'मैंने घर संभालना शुरू किया, थोड़ा डाटा एंट्री का काम उठाया और कॉलेज में भी दाखिला लिया। उन्होंने मुझे क्लास लेने से छूट दे दी, लेकिन मुझे पेपर देने जाना होता था।'

किस्मत से सनम के कुछ अच्छे दोस्त थे, जो अक्सर उनके घर आते रहते थे। दूसरे बच्चों की तरह, वो बातें करते, पढ़ते और थोड़ी मस्ती भी किया करते। उनका एक शगल था प्रैंक कॉल करना।

एक दिन सनम की दोस्त विनीता वहाँ आई। उन्होंने कहा, *'पता है, मेरी बिल्डिंग के सामने एक बहुत ही क्यूट लड़का रहने आया है। चलो उसे प्रैंक कॉल करते हैं।'*

सनम तुरंत तैयार हो गईं । कहीं से उन्होंने उसका नंबर भी ले लिया और फिर उसे फोन किया।

'हाय, मेरा नाम पिया है,' सनम ने झूठ बोला।

उस दिन सनम की सूरज से 'मुलाकात' हुई। उन दोनों में पटने लगी और उनकी रोज बातें होने लगीं—अपनी ज़िंदगी, कॉलेज और परिवार की कहानियाँ सुनाते। अक्सर सनम अपने कॉलेज के किस्से सुनातीं, जबकि वो घर रहते हुए पढ़ रही थीं। लेकिन ये बातें उन्हें खुश करती थीं, इनसे उन्हें नॉर्मल होने का अहसास होता।

एक दिन, सूरज ने उनसे ईमेल आईडी माँगा। वो उनसे एमएसएन मेसेंजर पर चैट करना चाहते थे। सनम को अब सच बताना था।

'मेरा नाम पिया नहीं है... सनम है। मैंने नाम इसलिए बदला, क्योंकि मेरी पहली कॉल एक प्रैंक थी।'

'कूल,' उनका जवाब आया। और ये बात यहीं ख़त्म हो गई।

अब घंटों तक सूरज और सनम एमएसएन पर चैट किया करते। वो टू-प्लेयर्स वाले ऑनलाइन गेम भी खेलते थे, जैसे पूल। सनम पूरा दिन सूरज के काम से लौटने का इंतजार करतीं, ताकि उनकी बातें शुरू हो सकें।

फिर एक दिन, सूरज ने मिलने का प्रस्ताव रखा। अब, सनम सच में डर गईं । वो बस कोई दूसरे नाम वाली लड़की नहीं थीं, बल्कि व्हीलचेयर वाली लड़की थीं। क्या सच जानने के बाद भी सूरज उनके दोस्त रहेंगे?

सनम की दोस्त ने उन्हें भरोसा दिलाया, *'वो एक अच्छे परिवार का, बढ़िया लड़का है। हम जानते हैं वो कहाँ रहता है। सच बता दो। सब सही हो जाएगा।'*

हिम्मत करके, सनम ने सूरज को सब बता दिया। पहले तो सूरज को यकीन ही नहीं आया। क्या ये उनका कोई दूसरा प्रैंक था, या वो उनसे मिलने से बचने के लिए बहाने बना रही थीं? सूरज नाराज थे।

'अगर तुम मुझसे नहीं मिलना चाहतीं तो साफ कहो न। कोई कहानियाँ मत बनाओ!' वो चिल्लाये।

'मैं कसम खाती हूँ, मैं सच बोल रही हूँ,' सनम ने जवाब दिया।

'तो मुझे अपना पता दो, मैं अभी आकर तुमसे मिलना चाहता हूँ,' सूरज ने कहा। सनम ने अपना पता दे दिया, लेकिन वो नहीं आए।

लेकिन फोन पर उनकी बातें जारी रहीं, और सब कुछ फिर से नॉर्मल हो गया।

एक शाम, जब सनम और उनके दोस्त घर पर मजे कर रहे थे, तो दरवाजे की घंटी बजी और एक अनजान लड़का अंदर आया।

'तुम कौन हो?' सनम ने पूछा।

'अगर मैं यहाँ हूँ, तो गॉड ने जरूर मेरे लिए कुछ सोचा है।
मुझे जीना होगा, सपने देखने होंगे...
मैं जीना कैसे छोड़ सकती हूँ?'

'गेस करो,' उसने जवाब दिया।

लेकिन सनम को कोई अंदाजा नहीं हुआ।

'कौन हो तुम?' उन्होंने दोबारा पूछा।

'सूरज,' उन्होंने मुस्कुराते हुए कहा।

'कौन सूरज?' वो मन ही मन सोच रही थीं। और तभी अचानक उन्हें ख्याल आया। *'ओह माई गॉड! सूरज तुम!'*

झटका तुरंत ही रोमाँच में बदल गया और दो दोस्तों की ख़ुशी रुक ही नहीं रही थी। सब कुछ बढ़िया था। पहली बार मिलने में कुछ भी असहज नहीं था। बातें थीं कि रुकने का नाम ही नहीं ले रही थीं।

उस शाम जो कुछ घंटे सूरज और सनम ने बातें कीं, उनमें सनम ने उन्हें सब कुछ बता दिया। अपने एक्सीडेंट के बारे में, सर्जरी के बारे में, दर्द और लाचारगी के बारे में। और कैसे वो धीरे-धीरे खुद को संभालना सीख रही थीं। जब वो वहाँ से गए, तो दोबारा मिलने का वादा था।

सूरज के साथ सनम ने बाहर रेस्टोरेंट में मिलना शुरू कर दिया। शुरू में मुश्किल लग रहा था। वो उन्हें चेयर से उठाकर टेक्सी में कैसे बिठाएंगे? लेकिन सूरज ने कहा, *'तुम मुझे बता दो कि कैसे करना है, मैं कर लूँगा।'* और उन्होंने किया, एक नेकदिल टेक्सी वाले, राजू की मदद से।

बहुत आसानी और सहजता से सनम सूरज से प्यार करने लगीं। जब उन्होंने अपने दोस्तों को अपनी इन फीलिंग्स के बारे में बताया, तो उन्होंने उन्हें चुप रहने की सलाह दी कि अगर वो भी ऐसा सोचता है तो उसे ही कहने दो। नहीं तो तुम्हारी दोस्ती भी ख़त्म हो जाएगी।

मैं कैसे सोच सकती थी कि किसी नॉर्मल लड़के को मुझसे प्यार हो जाएगा? इसलिए मेरा चुप रहना ही सही था।

जब तक कि एक दिन, सूरज ने खुद ही नहीं कह दिया, *'क्या तुम मुझसे शादी करोगी?'* सनम का दिल धड़कना भूल गया।

उन्होंने झिझकते हुए पूछा, *'क्या तुम्हें यकीन है कि मेरी प्रॉब्लम के बावजूद तुम मेरे साथ रहना चाहते हो?'*

'मैं तुमसे प्यार करता हूँ और तुम्हारा ध्यान रख सकता हूँ,' उन्होंने प्यार और विश्वास से कहा।

'फिर मैं तुमसे शादी करूँगी,' ख़ुशी से झूमते हुए सनम ने कह दिया।

लेकिन सनम सिर्फ 23 साल की थीं और सूरज 24 साल के। उनके परिवार वाले इसके लिए राजी नहीं थे। दोनों तरफ से बहुत से सवाल पूछे गए। अगर भविष्य में सूरज का मन बदल गया तो, अगर वो आगे साथ नहीं दे पाया तो? पैसे और रहने का क्या—वो कैसे मैनेज करेंगे, रहेंगे कहां?

'उनके पेरेंट्स खिलाफ थे तो मेरी बहन।'

जब तक हम दोनों साथ थे, हम कोई रास्ता निकाल ही लेंगे।

23 सितंबर 2003 को, कुछ दोस्तों के साथ जाकर, सूरज और सनम ने कोर्ट मैरिज कर ली। दो साल तक, उनके परिवारों को उनकी शादी के बारे में कुछ पता नहीं चला। लेकिन इतने बड़े राज को हमेशा के लिए छिपाकर नहीं रखा जा सकता था।

सूरज की माँ को उनका मैरिज सर्टिफिकेट मिल गया और फिर तो हंगामा हो गया। रोने और चिल्लाने का दौर भी चला, और ढेर सारा ड्रामा भी। लेकिन हारकर, दोनों परिवारों को हां करना ही पड़ा और फिर नए जोड़े के लिए रिसेप्शन देने का निर्णय किया गया।

सूरज सनम के फ़्लैट में ही आकर रहने लगे और उनकी नई ज़िंदगी की शुरुआत हो गई।

सनम और सूरज की लव स्टोरी किसी परिकथा से कम नहीं थी। और उसमें जादू लेकर आया एक क्यूट, झब्बेदार लैब्राडोर—मैजिक।

साल 2002 था। सनम की कहानी बॉम्बे टाइम्स में छपी थी। जल्दी ही, उन्हें शिरीन मर्चेंट की तरफ से एक फोन आया। शिरीन 'केनाइन कैन केयर' की प्रतिनिधि थीं। शिरीन भारत में 'असिस्टेंट डॉग्स' का कांसेप्ट लांच कर रही थीं।

'क्या आप एक ऐसा डॉग रखना चाहेंगी, जिसे आपकी मदद के लिए प्रशिक्षण दिया जाएगा, जिसमें वो रोजमर्रा के काम कर सकेगा?' शिरीन ने पूछा।

सनम को आईडिया अच्छा लगा। और इस तरह मैजिक नाम का पांच महीने

का लैब्राडोर पपी उनकी ज़िंदगी का हिस्सा बन गया। बड़ी-बड़ी आँखें, छोटी-छोटी हरकतें... मैजिक सनम की ज़िंदगी में बहुत सा प्यार और पॉजिटिव एनर्जी लेकर आया।

दरअसल, एक्सीडेंट से पहले, सनम हमेशा से जानवरों की डॉक्टर बनना चाहती थीं। अब एक पैट रखना तो मानो उनके मन की मुराद थी।

बस एक प्रॉब्लम थी। मैजिक हाइपर एक्टिव था—क्या उसे आसानी से ट्रेन किया जा सकता था?

'हां,' शिरीन ने कहा। *'हम उसे आसान तरीकों से प्रशिक्षण देंगे, जैसे गिरी हुई चीजों को उठाना, लाइट्स के बटन बंद करना।'*

और, यकीनन, मैजिक तेजी से ये सब सीख गया। सूरज और सनम फिर से गर्लफ्रेंड और बॉयफ्रेंड थे। और उन्होंने कई शामें सूरज को ट्रेनिंग देते हुए बिताई थीं। वो शिरीन के एक सप्ताह के डॉग ट्रेनिंग प्रोग्राम में भी गए।

'हम मैजिक के साथ जो सीखते, उसकी प्रेक्टिस किया करते। वो चीजों को बहुत तेजी से सीख रहा था!'

सूरज और सनम ने मैजिक को केनल क्लब के इंडिया'स डॉग शो में भी ले जाना शुरू कर दिया। और कई स्कूलों में भी जिससे वो असिस्टेंट डॉग के प्रति जागरूकता फैला सकें।

एक दिन सनम ने शिरीन से कहा, *'मैं बोरिंग सा डाटा एंट्री का काम कर रही हूँ। काश मैं कुछ और काम करके खुद को बिजी रख पाती!'*

शिरीन ने एक बढ़िया प्रस्ताव दिया। *'तुम्हारा जानवरों के साथ एक खास लगाव है। तुम क्यों नहीं डॉग्स के लिए बोर्डिंग का काम शुरू कर देतीं?'*

क्या मैं ये कर पाऊंगी? ओके, ट्राई करते हैं।

पहला डॉगी क्लाइंट बेसेट हाउंड था, जिसके मालिक छुट्टियों पर गए थे। शिरीन की वजह से, कई और भी पालतू उनके यहाँ आने लगे थे। क्लाइंट्स सनम की देखभाल से खुश थे।

'हां, मैं दिन में तीन बार डॉग्स को वाक पर ले जाती थी। मैं सब मैनेज कर सकती थी।'

इस तरह, व्हीलचेयर पर बैठे हुए, सनम ने 'परफेक्ट पूच' नाम का एक बिजनेस शुरू कर दिया। उन्होंने शुरुआत तेरह साल पहले, एक समय में दो-तीन कुत्ते रखने से की। अब वो एक साथ 10-12 कुत्तों को संभाल सकते हैं।

सूरज भी अपनी नौकरी छोड़कर इसी बिजनेस में लग गए हैं (इसमें अब अच्छे पैसे आने लगे हैं!) ।

'इसकी बहुत माँग है, खासकर दिवाली और क्रिसमस के समय तो हमें लोगों को मना भी करना पड़ता है।'

एक परफेक्ट हज़बैंड, प्यारा सा डॉग और साथ देने वाला ससुराल—बस एक ही चीज की कमी थी, बच्चे की। क्या मैं माँ भी बन सकती थी?

छह साल पहले, सनम और सूरज ग्रांट रोड से पवई के आलीशान घर में शिफ्ट हो गए। और उन्हें महसूस हुआ कि अब परिवार शुरू करने का समय आ गया था। पहले उन्होंने बच्चा गोद लेने की कोशिश की, लेकिन उन्हें 'अनफिट पेरेंट' कहकर लौटा दिया गया।

तब उन्होंने आईवीएफ़ के बारे में सोचा। वो महंगी प्रक्रिया थी, लेकिन शायद भगवान भी उनकी प्रार्थना सुन रहे थे।

16 साल पहले बिखरी अपनी ज़िंदगी के लिए, सनम ने बस कंपनी पर केस फाइल कर रखा था, जिसे अब वो जीत गई थीं। उससे उन्हें सेटलमेंट में खासी रकम मिली थी।

'उन पैसों को हमने आईवीएफ़ तकनीक से बच्चा पैदा करने पर लगाने की सोची।'

डॉक्टर्स का मानना था कि सनम की बच्चादानी स्वस्थ थी। उनके अंडे उसमें पनप सकते थे। लेकिन वो पूरा समय बच्चे को अंदर नहीं रख सकती थीं।

सेरोगेसी इंडिया की मदद से सनम और सूरज बहुत अच्छे डॉक्टर्स से मिले। उन्होंने उनके लिए एक सेरोगेट मदर भी खोज ली—वो महिला जिसकी कोख में उनके बच्चे को नौ महीने के लिए रखा जाना था।

अब दंपति की सेरोगेसी की प्रक्रिया शुरू हो गई, और उनके स्पर्म और एग को लेकर 'मेट' किया गया। ये एक जटिल प्रक्रिया है, और आमतौर पर पहली बार में सफल नहीं होती है।

'हम खुशनसीब थे—हमारे पहले ही प्रयास में तीन भ्रूण दिखाई दे रहे थे। जिनमें से एक नन्हा शैतान टिक पाया!'

अपने बच्चे को बांहों में लेना मम्मा और पापा दोनों के लिए एक जादुई पल था। अब तीन साल के रेयान ने अपने माँ-पापा की दुनिया को पूरी तरह पलट कर रख दिया है। वो उनकी ख़ुशी है, उनका आतंक भी।

'10 डॉग्स को संभालना आसान हैं, लेकिन एक बच्चे को संभालना मुश्किल।'

आज सनम का सपना एक खूबसूरत से गार्डन वाले बड़े घर का है, जहाँ बच्चे और डॉग साथ में खेल सकें।

इसका मतलब है, मुंबई से बाहर, फार्म हाउस में शिफ्ट करना। और भगवान के आशीर्वाद से ऐसा भी जल्दी ही होगा।

सनम हार मान सकती थीं, वो टूट सकती थीं। लेकिन किसी तरह उन्हें पॉजिटिव रहने की शक्ति मिली।

पिज़्ज़ा ग्रैनी

पद्मा श्रीनिवासन
बेंगलुरू, कर्नाटक

'आप रिटायर हो गए—आपकी ज़िंदगी ख़त्म हो गई।' लेकिन पद्मा श्रीनिवासन ने 60 साल के बाद एक नया मकसद ढूंढ़ लिया। और अपनी ज़िंदगी को नए मायने दिए। वो हर दिन अपने क़दमों में एक उठान और आँखों में चमक लिए निकलती हैं।

पद्मा श्रीनिवासन का जन्म मदुरई के एक सम्पन्न तमिल-ब्राह्मण परिवार में हुआ।

'मेरा परिवार बहुत संकीर्ण सोच वाला था, जहाँ लड़कियों को सुरक्षित माहौल में पाला जाता था। मुझे कॉन्वेंट स्कूल में भेजा गया और फिर गर्ल्स कॉलेज में।'

पद्मा ने ज़ूलॉजी और बॉटनी में अपनी बीए पूरी की। साइंस की छात्रा के रूप में उनके पास एक यही विकल्प था। 18 साल की उम्र में उनकी शादी उनके मामा के बेटे से कर दी गई और वो बेंगलुरू में आकर रहने लगीं। जल्दी ही, उन्होंने एक बेटी और फिर एक बेटे को जन्म दिया।

'मैं एक संतुष्ट गृहिणी थी... अपने घर और रसोई में व्यस्त रहने वाली।'

ये सब तब बदला जब उनके पति श्रीनिवासन की एक दुर्घटना में मृत्यु हो गई। पद्मा की तो पूरी दुनिया ही उजड़ गई। उनकी उम्र तीस साल की भी नहीं थी।

'मैं पूरी तरह टूट चुकी थी। मेरी बेटी 11 साल की थी और बेटा तो घुटनों से ही चल रहा था...'

धीरे-धीरे, उन्हें अहसास हुआ—दो बच्चों को पालने की ज़िम्मेदारी उन्हीं के नाज़ुक कंधों पर थी। वो तो बाजार तक भी अकेले नहीं जाती थीं...वो सब कैसे संभालेंगी?

'तुम अभी भी जवान हो। मैं तुम्हारे लिए लड़का देखकर शादी करवा दूंगा,' उनके ससुर ने कहा। लेकिन पद्मा ने मना कर दिया। उनके मन में बस एक ही लक्ष्य था—अपने बच्चों को बढ़िया परवरिश देना। इसके लिए उन्हें अपने सुरक्षा घेरे से बाहर आना ही होगा।

'मेरे परिवार में किसी महिला ने काम नहीं किया था... ऐसा करने वाली मैं पहली ही थी।'

पद्मा के पति, इंडियन टेलीफोन इंडस्ट्री (आईटीआई) की पब्लिक सेक्टर यूनिट में इंजीनियर थे—कंपनी ने हर्जाने के रूप में उन्हें नौकरी का प्रस्ताव दिया था।

'मैंने प्रस्ताव स्वीकार कर लिया और अकाउंट डिपार्टमेंट में क्लर्क के रूप में काम करना शुरू कर दिया।'

हर सुबह पद्मा 4 बजे उठकर खाना बनातीं, लंच पैक करतीं, बच्चों को स्कूल के लिए तैयार करतीं। उन्हें सुबह 7 बजे कंपनी की बस पकड़नी पड़ती। पूरे दिन काम करके, वो शाम को 7 बजे लौटतीं, और खाना पकातीं, बच्चों को होमवर्क में मदद करतीं।

'लेकिन वो बहुत थकान और तनाव भरा था... मैं अक्सर घर आकर रोती थी।'

उनकी बड़ी बहन ने उनका काफी साथ दिया, जबकि उनके पेरेंट्स तो उनका साथ देने के लिए बेंगलुरू आकर रहने ही लगे। पद्मा के काम पर जाने के बाद वो बच्चों का ध्यान रखते। और, धीरे-धीरे पद्मा पैर ज़माने लगीं।

'मुझे अहसास हुआ कि कामकाजी दुनिया बहुत सख्त थी और उसे संभालने के लिए मुझे भी मजबूत होना होगा।'

पद्मा ज़्यादा विश्वस्त और ज़्यादा महत्वाकांक्षी हो गई थीं। उन्हें एक बात अच्छी तरह पता थी।

सिर्फ मेहनत करने से कुछ नहीं होगा। ज़िंदगी में आगे बढ़ने के लिए मुझे और पढ़ना होगा।

उन्होंने तय किया कि कॉस्ट अकाउन्टिंग सही विकल्प होगा, क्योंकि वो कोर्स कॉरेस्पोंडेंस से भी किया जा सकता था। अब पद्मा का लंबा दिन और लंबा हो गया था। उन्हें पढ़ने के लिए आधी रात तक जागे रहना होता, किताबों से घिरे हुए, नोट्स लेते हुए। आईसीडब्ल्यूए एग्जाम पास करना आसान काम नहीं था।

'मैथ, अकाउंट, इंजीनियरिंग और इकोनोमिक्स सबका एक-एक पेपर था। सारे विषय मेरे लिए नए थे!'

पद्मा के पिता के एक दोस्त बेंगलुरू में सेंट जॉन मिलिट्री स्कूल में डिपार्टमेंट प्रमुख थे। उन नेकदिल इंसान ने पद्मा को घर आकर मैथ पढ़ाने का फैसला किया। उनकी 'ट्यूशन फी' सिर्फ एक कप गर्म कॉफ़ी थी।

'उनकी तरह कई लोगों ने मेरे संघर्ष के दिनों में मेरा साथ दिया, जब मुझे बहुत अकेलापन महसूस हो रहा था।'

पद्मा के सब्र और समर्पित प्रयासों का फल मिला। भले ही पांच साल लगे, लेकिन उन्होंने सारे एग्जाम पास कर प्रमाणित कॉस्ट अकाउंटेंट बन गईं । हर कोई हैरान था—उनके लिए हरेक की आँखों में एक नया सम्मान था।

आईटीआई मैनेजमेंट ने तुरंत पद्मा का प्रमोशन ऑफिसर की पोस्ट पर कर दिया—वो कंपनी के इतिहास में पहली महिला ऑफिसर थीं। सामान्य पदक्रम में क्लर्क से सीनियर क्लर्क, फिर अकाउंटेंट, फिर सीनियर अकाउंटेंट और फिर ऑफिसर बनते थे।

मैनेजमेंट ने उनके सम्मान में मीटिंग बुलाई, जहाँ उनके बॉस ने घोषणा की, *'देखिये, इस महिला को—अपनी सारी जिम्मेदारियों के बावजूद—इन्होंने एग्जाम पास किया। तुम लड़कों को इनसे कुछ सीखना चाहिए!'*

पद्मा का ब्रह्मास्त्र था उनका अनुशासन। उन्होंने एक अनुशासित जीवन जिया था और यही उम्मीद वो अपने बच्चों से करती थीं। बच्चे उन्हें हिटलर कहा करते थे क्योंकि वो बहुत 'सख्त' थीं।

लेकिन इस सख्त प्यार ने ही बच्चों को एक जिम्मेदार इंसान बनाया।

'मेरे बच्चों ने अच्छी तरह पढ़ाई की और कभी मुझे परेशान नहीं किया—इससे ज़्यादा मैं और क्या माँग सकती थी?'

ऑफिस में, पद्मा लगातार तरक्की की सीढ़ियां चढ़ती रहीं, लेकिन वो विनम्र और जमीन से जुड़ी हुई ही रहीं। फाइनेंस मैनेजर के तौर पर, उन्हें प्रोविडेंट फंड और ग्रेच्यूटी सेक्शन देखना था। इसके चलते उन्हें अक्सर मृत आईटीआई कर्मचारियों की विधवाओं से मिलना होता था।

जब उनमें से कई महिलाएं अपना फाइनल सेटलमेंट करने आती थीं, तो ये जानकर हैरान रह जाती थीं कि उनके पति ने पहले ही लोन ले रखा था, और अब उनके पास लेने के लिए कोई पैसा नहीं बचा था।

'मुझे वो महिला याद है जो अनपढ़ थी और उनके छह बच्चे थे... वो मेरे सामने ही रोकर कहने लगी, "अब हमारा ध्यान कौन रखेगा?"।'

उसकी तड़प ने पद्मा को हिला दिया। वो रात को बिस्तर पर करवट बदलती रहीं, उन्हें नींद आ ही नहीं रही थी।

'कम से कम मैं पढ़ी-लिखी थी, मेरा साथ देने के लिए मेरे परिवार वाले भी थे... उसके पास तो कुछ नहीं था!'

पद्मा ने ये मामला स्टाफ वेलफेयर मीटिंग में रखा, लेकिन मैनेजमेंट ने हाथ खड़े कर लिए, *'वो अनपढ़ है... हम उसे क्या नौकरी दे सकते हैं?'*

तब पद्मा ने एक नेक प्रस्ताव रखा। *'हम एक बेकरी शुरू करते हैं!'*

आईटीआई कैंटीन मॉडर्न ब्रेड, ब्रिटेनिया बिस्किट और केक बाजार से खरीदती थी। उसके बजाय ये आइटम घर में बनाए जा सकते थे। कौन बनाता? ऐसी महिलाएं जिनके लिए कोई सहारा नहीं था।

'चेयरमैन तुरंत तैयार हो गए और कहा, "हम लोग ज़मीन और बिल्डिंग दे देंगे। लेकिन सामान आपको अरेंज करना होगा"।'

जहाँ चाह है, वहाँ राह है... पद्मा ने एक केबिन से दूसरे केबिन जाकर फंड इकट्ठा किया। उन्होंने शेयर निकाले और हर आईटीआई ऑफिसर को कम से कम 1000 रुपए निवेश करने के लिए राजी किया। इस तरह से उन्होंने एक साल में 4 लाख रुपए जमा कर लिए। द ऑल-वीमेन श्री शक्ति बेकरी की शुरुआत 1983 में हुई (और आज भी ये बिजनेस में बनी हुई है)।

'इससे मुझे बहुत संतुष्टि हुई... इस तरह मैं दूसरों के कुछ काम तो आ पाई।'

जब 58 साल की उम्र में पद्मा श्रीनिवासन अपनी नौकरी से रिटायर हुईं, तब भी मदद का ये ख्याल उनके मन में बना हुआ था। उन्होंने अपने कर्तव्य पूरे कर लिए थे। और फिर भी, वो बैठकर ज़िंदगी के मजे नहीं लेना चाहती थीं।

मुश्किल समय में, मेरी मदद करने के लिए भगवान ने कितने ही लोगों को भेज दिया था। अब मुझे दूसरों के लिए कुछ करना चाहिए था।

शिक्षा ने उनकी ज़िंदगी में महत्वपूर्ण भूमिका निभाई थी। शायद वो एक स्कूल शुरू कर सकती थीं।

'नहीं,' उनकी बेटी सरसा ने मना कर दिया। पूरे बेंगलुरू में स्कूल मशरूम की तरह निकलने लगे थे। उनका मकसद ज्ञान बांटने की बजाय पैसा बनाना था।

'आप लोगों की मदद करना चाहती हो। तो आप ऐसा कुछ क्यों नहीं करतीं, जो दूसरे नहीं करते?' सरसा ने कहा।

दरअसल, कॉलेज के दिनों से ही, पद्मा की बेटी का झुकाव बुजुर्गों की तरफ था। उन्हें अपना बचपन याद आता था, जहाँ उनके नाना-नानी ने महत्वपूर्ण भूमिका निभाई थी।

'बड़ों को बच्चों की जरूरत होती है और बच्चों को बड़ों की! तो हमने विश्रांति की योजना बनाई—एक ही परिसर में वृद्धाश्रम और बालगृह।'

लेकिन इतने बड़े प्रोजेक्ट के लिए पैसे कहाँ से आएंगे? पद्मा ने रिटायरमेंट के बाद बेंगलुरू के बाहरी इलाके में एक एकड़ का प्लाट खरीदा था। लेकिन उनके पास इमारत बनाने के पैसे नहीं थे।

'मेरी बेटी ने आईडिया दिया कि इसके लिए हमें पिज़्ज़ा बनाकर बेचने का काम

करना चाहिए।'

पद्मा ने अमूल की फेंचाइजी लेने के लिए उनसे संपर्क किया। सरसा ने अपनी माँ पद्मा और सास जयश्री को पिज़्ज़ा की सॉस और टोपिंग्स बनाना सिखाया। औरतें अब बिजनेस में उतर चुकी थीं—स्वादिष्ट पिज़्ज़ा, एक स्लाइस पांच रुपए की।

'हालाँकि हमारी पिज़्ज़ा की दुकान घर के गैराज में थी, लेकिन हमारे पास अच्छी संख्या में ग्राहक आने लगे थे!'

संडे को, पद्मा और जयश्री आराम करते, जबकि सरसा काउंटर संभाल लेती। ऐसे ही एक दिन एक छोटा बच्चा पिज़्ज़ा खाने आया। स्लाइस खाने के बाद उसने पूछा, *'मेरी ग्रैनी कहाँ हैं—ये पिज़्ज़ा उनके जैसा नहीं है!'*

हालाँकि 'पिज़्ज़ा ग्रैनीज' काफी फेमस होने लगा था, लेकिन उनका बिजनेस ज़्यादा पैसे नहीं कमा रहा था। हमें 1 करोड़ रुपए चाहिए थे और मेरी जेब में सिर्फ 5 लाख रुपए ही थे।

इस बीच एक और समस्या आ गई। जो जमीन पद्मा ने खरीदी थी, वो कृषि की थी और उसे कन्वर्ट कराना था। स्थानीय तहसीलदार इस काम की रिश्वत में 3 लाख रुपए माँग रहा था, जो उन्होंने सख्ती से देने से मना कर दिया। पद्मा को इस बात पर बहुत गुस्सा आया।

'आप मुझसे—एक विधवा से—रिश्वत माँग रहे हैं? क्या आपको खुद पर शर्म नहीं आती?'

तहसीलदार ने खेद जताते हुए कहा, *'नाराज मत होइए मैडम—ये पैसा सिर्फ मेरे लिए नहीं है। इसे चपरासी से लेकर मंत्री तक, सबमें बांटा जाएगा।'*

'भला करने की राहों में भी हजारों मुश्किलें होती हैं।'

मगर विघ्न हैं तो विघ्नहर्ता भी हैं। पद्मा की अपनी ज़िंदगी में बहुत-सी मुश्किलें थीं, बहुत से संघर्ष थे।

जब वो इन मसलों से जूझ रही थीं, तो एक दिन पद्मा की नजर अख़बार में छपे एक फोटो पर पड़ी। वो मिस्टर कृष्णप्पा थे—जो कभी आईटीआई में मशीन ऑपरेटर हुआ करते थे, वो वर्कर यूनियन के सदस्य भी थे। अब वो एमएलए बन गए थे।

'कृष्णप्पा ने शक्ति बेकरी में भी मेरी मदद की थी। शायद वो अब भी मेरी मदद कर सकते थे?'

हो सकता है अब मैं उन्हें याद भी न हूँ... लेकिन फिर भी उन्होंने एक बार कोशिश करने का फैसला किया।

साप्ताहिक जनता दर्शन के लिए वहाँ 200 से ज़्यादा लोग मौजूद थे। पद्मा सबसे आखरी लाइन में बैठी थीं। कृष्णप्पा ने कमरे में पीछे से ही प्रवेश किया और कमरे में घुसते ही उनकी नजर सबसे पहले जिस इंसान पर पड़ी, वो पद्मा थीं।

'मैडम!' उनके मुंह से निकला। *'आप यहाँ क्या कर रही हैं?'*

एमएलए उनकी मदद के लिए पूरी तरह तैयार थे, यहाँ तक कि वो उनके साथ तहसीलदार के ऑफिस भी गए।

'हम नारियल के पेड़ की जड़ में पानी देते हैं
और वो वापस अपने सिरे से हम तक पानी पहुँचाता है...
तो मैं तो यही कहूँगी कि आप देना बंद मत करो।
आप दुआएं ही पाओगे।'

उन्होंने कहा, *'आप नहीं जानते ये मैडम कौन हैं? इनका काम तुरंत हो जाना चाहिए!'*

एक सप्ताह बाद ही कन्वर्जन लेटर सीधे पद्मा के घर पर ही पहुँच गया। उन्हें एक भी पैसा नहीं देना पड़ा।

इसी समय, पिज़्ज़ा बिजनेस भी उछाल मारने लगा। सरसा का एक दोस्त सत्यम कंप्यूटर में था। उन्होंने उनसे पूछा, *'क्या हम तुम्हारे स्टाफ कैंटीन में अपने पिज़्ज़ा बेच सकते हैं?'* वो तुरंत राजी हो गया।

पहले दिन पद्मा कुछ नर्वस थीं। क्या युवा आईटी कर्मचारियों को उनका, घर के स्टाइल का बना, शाकाहारी पिज़्ज़ा पसंद आएगा? या वो डोमिनोज को ही पसंद करेंगे?

'लंबी लाइन देखकर मैं हैरान थी... उन सबको ग्रैनी पिज़्ज़ा चाहिए था!'

जल्द ही, बेंगलुरू की कई कंपनियों में हफ्ते में एक बार ग्रैनी पिज़्ज़ा मिलने लगा। एक्सेंचर, आईबीएम, फिडीलिटी, सन माइक्रोसिस्टम, एचपी, फ्लिप्कार्ट और डेल।

'मैं ये भी चाहती थी कि युवाओं को इस बिजनेस के पीछे का मकसद भी पता चले। मैं उन्हें विश्रांति के बारे में बताना चाहती थी।'

उनका निश्चय इतना दृढ़ था कि पद्मा ने अपना रिचमंड रोड का घर बेचने का तय कर लिया था। उन्होंने घर बेचकर बच्चों को उनका हिसा दे दिया और बाकि का पैसा वो बिल्डिंग बनाने में लगा दिया। इस तरह, 2010 में उनके सपनों का घर बनकर तैयार था, वो साफ सुंदर जगह, जहाँ बूढ़े और बच्चे साथ-साथ रह सकते थे।

'मैं मिस्टर कृष्णप्पा की मदद नहीं भूली थी... हमने बिल्डिंग का उद्घाटन करने के लिए उन्हें ही बुलाया।'

आज, विश्रांति 20 बुजुर्गों और 25 बच्चों का घर है। परिसर में पैर रखते ही आपको एक शांति, एक अपनेपन का अहसास होता है। बुजुर्ग लोग बच्चों को कहानियाँ सुनाते हैं। मेडिटेशन हॉल में प्राणायाम करते हैं या फिर पौंड के पास सैर करते हैं।

'यहाँ तक कि पिज़्ज़ा की टोपिंग्स भी विश्रांति के वेजिटेबल गार्डन से ही आती हैं!' पद्मा रोमाँचित होते हुए बताती हैं।

ग्रैनीज अब युवाओं की फ़ौज को अपना फेमस पिज़्ज़ा बनाने की ट्रेनिंग दे रही हैं। लेकिन पद्मा अभी भी मसालों की ताजगी और सॉस पर खुद ध्यान देती हैं।

80 साल की उम्र में भी पद्मा पूरी तरह से चुस्त हैं और अकाउंट संभालती हैं। वो रोज कंपाउंड का चक्कर लगाती हैं। नई डोरमेट्री का निर्माण कार्य देखती हैं। रसोइयों और मालियों पर नजर रखती हैं।

'लेकिन अब मेरा स्वास्थ्य इजाज़त नहीं देता... तो अब मैं नहीं बल्कि सरसा मैनजिंग ट्रस्टी हैं।'

2008 में जब पद्मा को अटैक पड़ा था, तो सरसा ने थाई एयरवेज से अपनी जनरल मैनेजर की नौकरी छोड़ने का फैसला कर लिया था। और विश्रांति को सिस्टम से चलाने के लिए अपनी माँ की मदद करने लगीं।

'हम सीनियर सिटीजन से महीने के 10000 हजार रुपए लेते हैं। लेकिन हमारी वास्तविक लागत इससे कहीं अधिक है।'

पिज़्ज़ा के बिजनेस का प्रॉफिट और फंड-रेजिंग से मिली मदद से सहारा मिलता

है। बाकी का शुभचिंतकों से आ जाता है। ये सब कैसे आता है, पद्मा को कोई आईडिया नहीं है। हर दिन कोई न कोई चमत्कार हो जाता है।

'कुछ समय पहले हमारे अकाउंट में 3000 रुपए भी नहीं थे...' पद्मा याद करती हैं। *'मैं सोच रही थी कि स्टाफ के पैसे कहाँ से आएंगे?'*

अगले ही दिन एक एनआरआई हमारे यहाँ आया और अपने पिता की याद में 3 लाख रुपए दान दे गया।

बस आपका एक लक्ष्य हो, एक मकसद हो तो भगवान कई रास्ते निकाल देते हैं।

आगे बहुत कुछ करना है। आखरी साँस तक, मंजिल के पास तक।

लगे रहो

अपेक्षा शाह
मुंबई, महाराष्ट्र

'यह बहुत मुश्किल है—मैं ये नहीं कर सकती!' हम संघर्ष करते हैं, फेल होते हैं और फिर खुद से हार मान लेते हैं। अपेक्षा शाह को अपनी हार से ही हिम्मत मिली। वो अपने लक्ष्य की तरफ धीरे-धीरे लेकिन दृढ़ता से बढ़ीं और ज़िंदगी की मैराथन जीत ली।

'साइज़ तो देख, विवेक की बीवी नहीं, आंटी लग रही है!'

अपेक्षा शाह ने अपने कज़िन का ताना सुनकर भी अनसुना कर दिया। ये समय मूड बिगाड़ने का नहीं था—फिल्म शुरू ही होने वाली थी।

'मैडम—ये आपकी सीट है,' गेटकीपर ने अपनी फ़्लैश लाइट दिखाते हुए कहा।

और फिर सबसे बड़ा झटका लगा।

'मैं सीट में फिट ही नहीं हो पा रही थी... वो बहुत अनकंफर्टेबल थी!'

किसी तरह से, अपेक्षा ने पूरी फिल्म निकाली। वो न तो रणबीर कपूर की 'जवानी' का मजा ले पाई और ही दीपिका की 'दीवानी' का।

'मैंने ख़ुद का क्या हाल बना लिया है?'

और उस दिन उनके अंदर कुछ टूट गया। बस अब बहुत हो गया था। मैं 130 किलो की थी। ये अब मैं एक्सेप्ट नहीं कर सकती थी।

उस दिन, अपेक्षा शाह ने एक जंग की शुरुआत कर दी थी। मोटापे के खिलाफ जंग।

'मैं हमेशा से हेल्दी रही थी। लोग मुझे "बड़ी पर्सनेलिटी", मतलब अच्छे कद, खाते-पीते घर की लड़की कहते थे।'

लेकिन अपने स्कूल और कॉलेज के दिनों में, अपेक्षा को कभी 'मोटी' नहीं माना गया।

एक संपन्न गुजराती परिवार में पैदा हुई, अपेक्षा की दुनिया उनके पिता की मृत्यु पर उजड़ गई। उस समय वो 10वीं क्लास में थीं।

परिवार आर्थिक समस्याओं से जूझ रहा था। तो अपेक्षा ने काम करना शुरू कर दिया।

'मैंने डब्ल्यूएचआरडी (वर्ल्ड ह्यूमन रिसोर्स डवलपमेंट) दादर में काम करना शुरू कर दिया, और घर पर बच्चों को ट्यूशन भी पढ़ाने लगी।'

पड़ोसी उनके 'किरदार' पर शक करने लगे थे, क्योंकि वाघड समुदाय में लड़कियों का काम करना अच्छा नहीं माना जाता था।

'कैसे पैसे कमाती है, पता नहीं है?'

उनकी तो ग्रेजुएशन भी पूरी नहीं हुई थी, फिर भी वो इतना कैसे कमा सकती थीं?

'मुझे बहुत शुरुआत में ही अहसास हो गया था लोगों के पास दूसरों के बारे में बात करने का बहुत समय है। उन्हें इग्नोर करना ही बेस्ट है—बस पॉजिटिव रहकर खूब मेहनत करो।'

एसएनडीटी कॉलेज से ग्रेजुएशन करने के बाद, अपेक्षा की शादी विवेक शाह से हो गई। उनकी अपने कज़िन के साथ साझेदारी में एक कॉर्पोरेट-गिफ्टिंग की फर्म थी, जो बढ़िया चल रही थी।

वो अरेंज मैरिज थी।

शादी के दिन, अपेक्षा का वजन 58 किलो था और अपने पति के साथ वो बेहद ही खूबसूरत लग रही थीं। एक नई ज़िंदगी, एक नई शुरुआत... अपेक्षा के पांव सातवें आसमान पर थे!

विवेक और उनका परिवार बेहद सुलझा हुआ था। वहाँ न तो कमाने का दबाव था न ही ज़्यादा घर का काम करने का।

'मेरे पास बहुत सा खाली समय होता था—मैं बस पार्टी, शॉपिंग और खाने-पीने में ही लगी रहती थी!'

जल्द ही 58 किलो की दुल्हन 85 किलो की हो गई। गोल, और ज़्यादा गोल...

'जैन होने के नाते, मैं पर्यूषण का व्रत रखती थी। और इसका बहुत ही गहरा असर मेरे शरीर पर पड़ा।'

व्रत मतलब 16 दिन सिर्फ पानी पीना। व्रत ख़त्म होने पर अपेक्षा का वजन 80 किलो होता। अगली ही रात से वो कैलोरी वाले खाने पर टूट पड़ीं। और एक ही सप्ताह में उनका 10-15 किलो वजन बढ़ गया।

'किसी तरह यही मेरी ज़िंदगी का तरीका बन गया...'

इस मजे से ऊब कर, अपेक्षा ने ऑक्सफ़ोर्ड ट्री, इंडिया के ईसीसीई (अर्ली चाइल्डहुड केयर एंड एजुकेशन) कोर्स में दाखिला ले लिया। और उन्हें नौकरी का भी ऑफर मिला।

उनके ससुर ने कहा, *'अपेक्षा—दूसरों के लिए क्यों काम करना। अपने लिए काम करो!'*

इसने उन्हें आगे और पढ़ने के लिए प्रेरित किया। उन्होंने लाला लाजपत राय कॉलेज के लॉ कोर्स में दाखिला ले लिया।

'डिग्री कोर्स के दूसरे साल में मैं प्रेग्नेंट हो गई।'

तब उनका वजन सच में कंट्रोल से बाहर चला गया। खाना उनकी कमजोरी थी ही, अब वो उनकी ललक बन गई थी। खासकर अनहेल्दी फ़ूड।

'प्रेग्नेंसी की शुरुआत में मैं 95 किलो की थी। नवें महीने में, मेरा वजन 125 किलो था!'

लेकिन अपेक्षा खुद को समझा रही थीं—कोई बात नहीं। एक बार डिलीवरी हो जाने पर, मैं इस पर काम कर लूंगी।

अपनी तीसरी तिमाही में अपेक्षा को एलएलबी के सेकंड ईयर के एग्जाम भी देने थे।

उनकी डिलीवरी नॉर्मल थी। 28 मार्च 2007 को अपेक्षा ने एक स्वस्थ बेटी को जन्म दिया।

अपेक्षा बेटी हस्ती को लेकर घर आईं । उनका वजन 110 किलो था। बच्चे और पढ़ाई को एक साथ संभाल पाना उनके लिए मुश्किल हो रहा था, तो अपेक्षा ने कॉलेज से ब्रेक ले लिया।

'मैंने तय किया कि जब तक हस्ती स्कूल नहीं जाना शुरू करती, मुझे सिर्फ उसी पर फोकस करना होगा।'

घर बैठने से 10 किलो वजन और बढ़ गया। मोटापे के इस दौर में बस एक ही बात अच्छी थी कि विवेक ने कभी उन्हें कोई ताना नहीं मारा था।

लेकिन दूसरों ने उन पर हंसने या घूरने में कोई कमी नहीं छोड़ी थी। और इससे तकलीफ होती थी।

'मैं फैमिली फोटो खिंचवाने से बचने लगी—मुझे महसूस हुआ कि उस फ्रेम में मैं ही सबसे बदसूरत दिखती थी।'

अपेक्षा ने खुद को दूसरे कामों में व्यस्त रखने का निर्णय लिया।

'मुझे अच्छे कपड़े पहनने का शौक था, तो मैंने एक बुटिक खोलने का निर्णय लिया।'

दुकान अच्छी चल रही थी लेकिन अपेक्षा के लिए एक ही निराशा थी। वो सुंदर कपड़े डिजाइन करती थीं, लेकिन वो खुद उन्हें पहन नहीं सकती थीं।

'मेरा टेलर हंसकर कहता, "मैडम, ये डिजाइन आपको सूट नहीं करेगा"।'

वो सही था। लेकिन ये सच दिल तोड़ने वाला था।

बेसब्री में, अपेक्षा ने अपने घर के पास के जिम की सालाना सदस्यता ले ली। लेकिन महज तीन दिन जाने से ही उन्होंने हार मान ली।

'जिम में हर कोई हॉट था, और मैं नहीं। इससे मुझे बहुत छोटापन महसूस हुआ।'

यही सब अगले साल भी हुआ, जब अखबार में बड़ा सा विज्ञापन आया, *'इतना दो और इतना वजन कम करो!'*

'कम हुए तो बस मेरे पैसे... मेरा वजन उन्हीं तीन अंकों में बना रहा।'

अपेक्षा हार मान गई थीं। उन्हें बहुत बुरा लग रहा था। वो हताश थीं।

उन्होंने बेंगलुरू में नेचरोपैथी में नाम लिखवाने का निर्णय किया। लेकिन फिर एक दोस्त से सुना, जिसने सेंटर में जाकर एक सप्ताह में 10 किलो कम किए थे। लेकिन कुछ ही दिनों में वो वजन फिर से वापस आ गया था।

'मैंने पतले होने के सारे रास्तों को आजमा लिया था। उनमें से कोई काम नहीं आया।'

130 किलो के इंसान के लिए एक ही रास्ता था, 'वजन कम करने की सर्जरी'। ऐसा ऑपरेशन जिसमें पेट से चर्बी निकाल दी जाती है और इससे भूख भी कम हो जाती है।

अपेक्षा ने मान लिया था कि 'अब यही रास्ता है', और इस आईडिया पर डॉक्टर सृष्टि से बात की, वो उनकी पारिवारिक मित्र भी थीं।

'मैं हां या ना नहीं कह सकती—आपको फैसला लेने से पहले, खुद उसके प्लस माइनस समझने होंगे,' डॉक्टर ने कहा।

अपेक्षा हॉस्पिटल गईं, सर्जन से बात की। और उन पेशेंट से भी जिन्होंने ये सर्जरी कराई थी। फीडबैक मिक्स था—इसमें कॉम्प्लीकेशन्स हो सकती थीं। आपका खाना बहुत कम हो सकता था—या आप हमेशा के लिए लिक्विड डाईट पर भी आ सकते थे।

'लेकिन फिर भी मुझे लग रहा था, मुझे करना है। मैं बस मोटे रहकर थक गई थी!'

अपेक्षा ने अपनी फाइल तैयार करवा ली और फिर अपने पति से बात की। जल्द ही उन दोनों की ज़िंदगी बदलने वाली थी...

'ऑपरेशन में 5 लाख रुपए लगेंगे... लेकिन मैं वादा करती हूँ कि दो महीने में तुम्हें एक स्लिम और सेक्सी पत्नी मिल जाएगी।'

विक्की शांत थे। उन्होंने पूरी फाइल देखी और आख़िरकार कहा, *'तुम फिट हो। न शुगर है, न थायराइड, न बीपी। तो तुम क्यों अपने शरीर के साथ खेलना चाहती हो?'*

अपेक्षा हैरान थीं। लेकिन अभी और भी बाकी था...

'तुम जैसी हो, वैसे ही मैं तुमसे प्यार करता हूँ। लेकिन फिर भी अगर तुम वजन कम करना चाहती हो, तो मैं तुम्हारा साथ दूंगा। जितना पैसा चाहिए ले लो, लेकिन सर्जरी नहीं होगी।'

ये अपेक्षा के लिए बदलाव का पल था।

माई गॉड, उसे मुझ पर मुझसे भी ज़्यादा भरोसा है!

इस तरह सफलता की राह की शुरुआत हुई। बहुत-सी मुश्किलों वाला रास्ता।

अपनी खाने की आदत सुधारने के लिए, अपेक्षा ने एक डायटीशियन की मदद ली। वो अच्छी थी—लेकिन डाइट में ओट्स, ऑलिव्स और ब्रोकली जैसी चीजें शामिल करनी थीं। ये चीजें अपेक्षा की देसी नसों को सूट नहीं कर रही थीं।

लेकिन कोशिश बेकार नहीं गई।

'मैं समझ गई कि खाने का मुख्य तत्व उसका पोषण है। मैं खा तो सकती हूँ, लेकिन मुझे वही खाना है जो मेरे शरीर के लिए सही हो!'

गूगल की मदद से अपेक्षा ने खुद अपने लिए डाइट प्लान बना लिया। वैसी रेसिपी और मसालों वाली जो गुजराती घरों में मिलते हैं।

दूसरा और सबसे मुश्किल कदम था डाइट पर टिके रहना। वो भी समुदाय के अंतहीन समारोहों के बावजूद।

'मुझे खुद को स्ट्रोंग बनाकर अनहेल्दी खाने से दूर रहना था। मुझे न कहना सीखना होगा।'

जब भी कोई उन्हें कुछ ऐसा खाने को देता, जो उनकी सेहत के लिए सही नहीं था, तो अपेक्षा विनम्रता से कह देतीं 'मने नथी भावतु'।

'मैंने कभी नहीं कहा कि मैं डाइटिंग पर हूँ, क्योंकि इससे तो लोगों की बातें और बढ़ जातीं।'

और ज़्यादातर इतना कहने से काम चल जाता। अगर किसी को बुरा लगता, तो अपेक्षा खाने की एक्टिंग कर लेतीं और चुपके से खाने को अपने पर्स में डाल लेतीं।

'मैंने अपने पेट को फिर से डस्टबिन बनाने से मना कर दिया था!'

अगला बड़ा कदम था जिम में कदम रखना। पहले दिन अपेक्षा ट्रेडमिल पर टिक ही नहीं पाईं—4 किलोमीटर प्रति घंटे की रफ़्तार पर भी।

'मेरे पैर वेट-ट्रेनिंग मशीन पर फिट नहीं हो रहे थे, और मेरी हड्डियों से भयानक आवाज आ रही थी।'

वो हारकर घर चली गईं। तब विक्की ने सुझाव दिया कि उन्हें नामी ट्रेनर, महेश कदम से हेल्प लेनी चाहिए।

उनकी पहली सलाह यही थी, 'दूसरों को देखना बंद कर दो—अपने लक्ष्य पर फोकस करो!'

'मैं खुद को अपने शरीर और जिम्मेदारियों में फंसा हुआ महसूस करती थी—अधिकांश महिलाओं को इससे गुजरना पड़ता है।'

शुरुआत में ट्रेनर ने अपेक्षा से फ्लोर एक्सरसाइज ही करवाईं । हालाँकि पहले महीने में अपेक्षा का वजन तो कम नहीं हुआ, लेकिन उन्हें अपना बदन काफी हल्का महसूस होने लगा।

'मैं आगे बढ़ने के लिए प्रेरित हुई!'

महेश ने कुछ नए वर्कआउट बढ़ाकर, सेशंस को और मजेदार बनाया। और जल्दी ही, उन्हें रिजल्ट मिलने लगा। छह महीने में ही अपेक्षा ने 15 किलो वजन कम कर लिया।

'किसी और ने ध्यान नहीं दिया था, लेकिन इससे मेरे आत्मविश्वास को बहुत बल मिला!'

हर रोज, पूरे साल तक वर्कआउट करने से अपेक्षा ने और 25 किलो कम कर लिए। जनवरी 2015 में वो 98 किलो की थीं।

'मुझे सच में खुद पर गर्व हो रहा था—मैंने आखिरकार कर दिखाया था!'

ईमानदारी और लगन से लगे रहने के दस महीने बाद अपेक्षा सीधे 72 किलो पर थीं।

उस समय, अपेक्षा के एक दोस्त ने उन्हें एक कम्युनिटी मैराथन, वीआरजी (वाघड रनर ग्रुप) में भाग लेने के लिए कहा।

'मैं वर्ली सीफेस पर गई, ये देखने के लिए कि मैं दौड़ सकती हूँ या नहीं। लेकिन मुझे 1.5 किलोमीटर दौड़ने के लिए 50 मिनट लगे।'

हार के डर से, अपेक्षा ने भाग लेने से मना कर दिया। लेकिन उनके दोस्त ने कहा, *'ऐसे आसानी से हार मत मान। ट्राई तो कर!'*

अपेक्षा मान गईं । तैयारी में एक सप्ताह का समय था। वो सात दिन उन्होंने महेश के साथ ट्रेनिंग की—बस जरूरी अभ्यास और रनिंग। सही जगह तनाव, और साँस लेने की सही प्रक्रिया को ध्यान में रखते हुए।

10 किलोमीटर का रूट, वर्ली सीफेस से शुरू होकर पेडर रोड तक जाता था, और फिर वापस आता था। ऊंचाई पर उनके पैर दर्द करने लगते थे।

लेकिन अपेक्षा नहीं रुकीं। उन्होंने हार नहीं मानी।

'मैं हैरान थी कि मैंने दौड़ 66 मिनट में पूरी कर ली थी, और सेकंड आई थी! ये मेरे लिए बहुत बड़ा अचीवमेंट था!'

अपेक्षा ने अब अपनी नजरें स्टैण्डर्ड चार्टर्ड मुंबई मैराथन पर लगा दीं। रजिस्ट्रेशन की तारीख तो निकलने ही वाली थी, लेकिन समस्या ये थी कि 21 किलोमीटर की इस दौड़ में भाग लेने के लिए उन्हें 'क्वालीफाईंग सर्टिफिकेट' की जरूरत थी।

'मैंने 21 नवंबर 2015 को विरार-वसई मैराथन की 21 किलोमीटर रेस के लिए नाम लिखा दिया।'

उनके ट्रेनर ने चेतावनी दी, *'आप तैयार नहीं हो... आपके घुटनों पर असर पड़ जाएगा।'*

लेकिन अपेक्षा को पूरा भरोसा था। अगर एक सप्ताह की ट्रेनिंग से वो 10 किलोमीटर की रेस कर सकती थीं, तो तीन सप्ताह की ट्रेनिंग से 21 किलोमीटर क्यों नहीं?

और उन्होंने किया! अपेक्षा ने 21 किलोमीटर की मैराथन 2 घंटे 30 मिनट में पूरी की।

'वो मुश्किल था और मुझे बहुत दर्द भी हो रहा था लेकिन मैं खुश थी कि मैं फिनिश लाइन तक पहुँची थी!'

उसी शाम अपेक्षा ने अपने पति को एससीएमएम के 21 किलोमीटर दौड़ में रजिस्टर करवाने को कहा। लेकिन रजिस्ट्रेशन बंद हो चुका था। अब क्या किया जाए?

'मैं दूसरे साल के लिए इंतजार करना नहीं चाहती थी... तो मैंने फॉर्म में 42 किलोमीटर पर निशान लगा दिया!'

विक्की घबरा गए। उनके ट्रेनर भी। 42 किलोमीटर दौड़ने के लिए कम से कम नौ महीने की ट्रेनिंग की जरूरत थी। उनके पास तो दो महीने भी नहीं थे।

बहुत मनाने के बाद महेश कदम अपेक्षा को ट्रेनिंग देने के लिए राजी हो गए। क्योंकि अब तक वो जान चुके थे—एक बार अगर वो ठान लें, तो उसके लिए कुछ भी कर गुजरती हैं। अपनी जी-जान लगा देती हैं।

खुद को प्रेरित करने के लिए, अपेक्षा ने फेसबुक पर कई रनिंग ग्रुप ज्वाइन कर लिए और अपनी प्रोग्रेस शेयर करने के लिए एक एफबी पेज भी बनाया।

'बहुत से अजनबियों ने मुझे मेरा रनिंग प्लान बनाने में मदद दी। उन्होंने अपना वर्कआउट और डाइट भी मुझसे शेयर किया। मैं अकेले ये सब नहीं कर सकती थी!'

सीरियस रनर दिन निकलने से पहले अभ्यास करते थे लेकिन अपेक्षा उनके साथ नहीं जा सकती थीं। वो अपनी बेटी को स्कूल भेजने के बाद ही दौड़ने का अभ्यास कर सकती थीं।

इन सब चुनौतियों के बावजूद, अपेक्षा शाह ने 17 जनवरी 2016 को स्टैण्डर्ड चार्टर्ड मुंबई मैराथन की 42 किलोमीटर की दौड़ को 5 घंटे 19 मिनट में पूरा किया।

मानो ये काफी नहीं था, और अपेक्षा ने एशिया के सबसे मुश्किल माने जाने वाले डेजर्ट दौड़ 'रन द रण' की 42 किलोमीटर की रेस में भी भाग लिया। उसे उन्होंने 11 घंटे में पूरा किया।

वाघड समुदाय की लड़कियाँ खेलों में भाग नहीं लेतीं।

'मेरे ससुराल वाले, मेरी माँ और दूसरे रिश्तेदार मुझे लेने के लिए स्टेशन पर आए। उनके चेहरे पर एक ही भाव था—क्या से क्या बन गई है।'

वो लड़की जो सौ कदम भी नहीं चल सकती थी अब पूरे देश में दौड़ रही है। अपने दिल की ताल पर। अपने पैरों को थिरकाते हुए।

बहुत से दोस्त और रिश्तेदार अपेक्षा के पास सलाह के लिए आए। उन्होंने ख़ुशी-ख़ुशी सबकी मदद की।

'मेरी डाइट और एक्सरसाइज प्लान से उन्होंने 10-15 किलो वजन कम किया। लेकिन मैंने उनसे कोई पैसा नहीं लिया।'

अपेक्षा अब फिटनेस में सर्टिफिकेट लेकर इसे अपना करियर बनाना चाहती हैं। उनकी योजना युवा माँओं और गृहिणियों पर फोकस करने की है, जो अपना ध्यान नहीं रख पाती हैं।

'मैं खुद को अपने शरीर और जिम्मेदारियों में फंसा हुआ महसूस करती थी—अधिकांश महिलाओं को इससे गुजरना पड़ता है।'

लेकिन आप आजाद हो सकते हो, आप खुश हो सकते हो। ये कोई रॉकेट साइंस नहीं है।

'बस एक लक्ष्य निर्धारित करो—फिर वो चाहे फिटनेस हो, या काम पर वापस जाना, या कुछ भी जो आपके लिए मायने रखता हो। फिर उसे हासिल करने के लिए कड़ी मेहनत करो!'

अपनी आत्मा का पोषण करो, न कि अपने पेट का। खुद का नया एडिशन शीशे में देखकर, आपको खुद से प्यार हो जाएगा।

आज़ादी की खुली हवा में

भावना इस्सर

मुंबई, महाराष्ट्र

'बाइक पर लड़की! अजीब नहीं लगता?' मोटरबाइक मर्दाना होती हैं, स्कूटी नजाकत वाली होती है। ऐसा लगता है जैसे सामानों के भी लिंग निर्धारित कर दिए गए हैं। लेकिन भावना इस्सर और बाइकरनी गैंग ने इसे गलत साबित कर दिया। बिल्कुल गलत!

'आपको भारी नहीं लगता? कैसे चलाते हो?'

भावना के ऑफिस कॉप्लेक्स का सिक्योरिटी गार्ड अक्सर ऐसे सवाल पूछता था। उसके लिए भावना 'मोटरबाइक पर आने वाली मैडम' थी।

1998 में हैदराबाद शहर में ये आम बात नहीं थी।

सलवार कमीज पहने एक लड़की, काली हीरो हौंडा स्प्लेंडर चलाती हुई।

'मेरी पहली नौकरी थी और बाइक से आना-जाना आसान था।'

तब तक, भावना को घूरने और पीठ पीछे ताने सुनने की आदत हो गई थी। सारी दिल्ली में तो वो कॉलेज अपने डैड के बजाज चेतक स्कूटर पर जाती थीं। वो एक फौजी परिवार में पली-बढ़ी थीं, जहाँ लड़के और लड़की को 'बराबर' माना जाता था।

'मुझे बताया गया था— "इस्सर महिलाएं स्ट्रोंग हैं। वो कुछ भी कर सकती हैं"!'

ग्रेजुएशन के बाद, भावना एमबीए के लिए XLRI जमशेदपुर गईं । वहां, उन्हें बाइक चलाने का अनुभव हुआ। कैम्पस में बहुत से लड़कों के पास बाइक थी और भावना उनकी चाबी लेकर सड़क पर निकल पड़तीं।

'बाइक चलाने से कैम्पस का दबाव कम होता महसूस होने लगता!'

लड़के कभी-कभी उन्हें 'हंटरवाली' कहा करते थे, लेकिन वो सब मजाक की बातें थीं।

जब उन्होंने मल्टीनेशनल बैंक में नौकरी की तो एक कुलीग के ताने ने उन्हें वाकई तकलीफ दी।

'ओह, तो आप बाइक चलाती हो... उन औरतों की तरह जो मौत के कुएं में चलाती हैं!'

भावना को बेइज्जती महसूस हुई लेकिन वो खामोश रहीं। उनके सामने एक अच्छा पढ़ा-लिखा, दुनिया घूमने वाला आदमी खड़ा था। लेकिन उसकी तमीज सिर्फ इतनी थी कि उनके बाइक चलाने के शौक का मजाक बना सकता था। क्योंकि मैं एक औरत थी।

कभी कोई बात सूई की तरह चुभ जाती है। और ऐसा ही हुआ। ज़िंदगी में आगे बढ़ने के लिए आप उसमें फिट होने की कोशिश करने लगते हैं।

'उस समय मैं गुडगाँव में थी, जहाँ सबके पास कार थी।'

तो भावना ने मारुति 800 के लिए बाइक छोड़ दी। उसके बाद उनका संपर्क अपने बैच के साथी गौरव से हुआ। वो कॉलेज के दिनों में बाइक के दीवाने हुआ करते थे। लेकिन उनकी यामाहा RX 100 की जगह मारुति जेन ने ले ली थी।

दोनों सालों तक दोस्त रहे और फिर शादी का फैसला कर लिया।

'मैं उस समय 28 साल की थी। परंपरागत तरीके से वो "लेट" शादी थी, लेकिन मैं जानती थी कि मैं कोई अरेंज मैरिज कर ही नहीं सकती थी!'

दंपति बेंगलुरू आ गए, जहाँ वो मन लगाकर काम करने लगे, क्योंकि उन्हें बहुत-सी ईएमआई जो भरनी थीं। तीन साल बाद उन्होंने फैमिली शुरू करने का फैसला किया और एक बेटी, वान्या को गोद लिया।

'रूसी में वान्या का मतलब होता है "भगवान का कीमती उपहार"।'

उस समय, भावना टेक्सस इंस्ट्रूमेंट में काम कर रही थीं। एक हाई-टेक कंपनी, जहाँ 'मानवता' पर जोर दिया जाता था। वहाँ लिंग समानता को भी महत्व दिया जाता था। फिर भी, भावना को मेटरनिटी लीव के लिए संघर्ष करना पड़ा।

'मेरा ऐसा पहला केस था, जहाँ बच्चा गोद लेने वाली महिला को भी वही सुविधाएं उपलब्ध कराई गईं... अब वो आम प्रचलन में आ चुका है।'

एक डिमाँडिंग चाइल्ड और डिमाँडिंग करियर में काम करने वाली महिला अक्सर थकी हुई रहती है। उसके पास सोने तक का टाइम नहीं होता, शौक की तो जाने ही दो।

बाइक चलाने का तो कोई समय ही नहीं था।

और चीजें सही थीं, ज़िंदगी ठीक चल रही थी। लेकिन जब कभी-कभार वो अपने पुराने दोस्तों से मिलतीं, तो वो कहते, *'भावना—तुम बदल गई हो! वो चमक कहाँ चली गई!'*

उसी दौरान उन्हें सुमेधा के बारे में पता चला, एक संगठन जो लीडरशिप पर वर्कशॉप करवाता था। भावना ने पांच दिन की एक वर्कशॉप में अपना नाम लिखवा दिया और अपने अंदरूनी सफर में अपने भूले हुए हिस्से को जाना।

'बचपन में मैं कविताएं लिखा करती थी... फिर वो किसी काम का नहीं लगा और मैंने लिखना बंद कर दिया।'

एक दूसरी वर्कशॉप, 'लर्निंग थिएटर लैब' में भावना ने बाइक चलाने के अपने शौक के बारे में बात की। और उसी से ये ख्याल आया—फिर से बाइक चलाना चाहिए।

उस शाम भावना ने घर आकर कहा, *'याद है उसमें कितना मजा आता था... चलो मोटरसाईकिल खरीदें!'*

उन्होंने मार्किट का सर्वे किया और दोनों को बुलेट पसंद आई। गौरव ने कुछ जुगाड़ लगाया और बाइक 11 जनवरी 2013 को—भावना के 39वें बर्थडे पर डिलीवर हुई।

'जब मैंने रॉयल एनफील्ड थंडरबर्ड 500सीसी चलाई, तो मुझे अपनी रीढ़ में वही रोमाँच महसूस हुआ!'

गौरव उनके साथ पिछली सीट पर बैठे थे—बिना कोई मर्दानगी दिखाए।

किसी लड़की के लिए अपने 40वें साल में कदम रखने का ये परफेक्ट तरीका था। पहाड़ के ऊपर जाना नहीं, बल्कि पहाड़ पर बाइक चलाना।

और किसी ग्रुप के साथ जाने में और मजा आता। गूगल पर सर्च करने से भावना को एक बाइकर कम्युनिटी मिली। लेकिन वो आदमियों का ग्रुप था।

'वो चाहते थे कि मैं साबित करूँ कि मैं उनके ग्रुप में जाने के लायक हूँ या नहीं... मैंने कहा—भाड़ में जाओ!'

तब भावना को 'बाइकरनी' मिला—महिलाओं की इंडिया में सबसे बड़ी बाइक कम्युनिटी। और दोनों गैंग में क्या फर्क था। आदमियों के ग्रुप से अलग, बाइकरनी ज़्यादा खुले दिल, प्यार भरा और नए सदस्य का स्वागत करने के लिए तैयार था।

5 मई 2013 को भावना ने पहली बार लॉन्ग राइड के लिए बाइकरनी ज्वाइन किया। वो इंटरनेशनल वीमेन राइडर्स डे भी था—जिसे हर साल मई के पहले संडे को मनाया जाता है।

600 बाइकर्स अपनी विशाल मशीनों पर बैठकर मुंबई से दमन के लिए निकल गए। एक जैसी सोच की महिलाएं, जो हर मुश्किल से लड़कर एक साथ आई थीं। कुछ को अपने जुनून के लिए अपने ससुरालवालों से लड़ना पड़ा था। तो कुछ को पैसों की तंगी से।

मैं इस मुंह में खाना नहीं डालती, जिससे बाइक में पेट्रोल डाला जा सके।

जब आप कुछ चाहते हैं, तो उसे पाने का रास्ता ढूंढ़ ही लेते हैं!

दमन में उस शाम बाइकरनी चुस्त कपड़े और ऊंची सेंडल पहनकर डांस फ्लोर पर उतर आई थीं। उस पल को पूरी तरह जीने के लिए। क्योंकि अगले दिन उन्हें मुंबई वापस आना था—अपने नकचढ़े पतियों को संभालने के लिए।

भावना खुशकिस्मत थीं—उनके ऐसे मसले नहीं थे।

'फिर भी मुझको, खुद को नियंत्रित करना पड़ता था... खुद को बांधे रखना था...!'

भावना ने बाइक का सफर और अपना अंदरूनी सफर जारी रखा। लेकिन फिर भी अफ़सोस बना रहा। एक संडे, भावना ने अपने पति और बेटी को देखा—दोनों सो रहे थे। और उन्होंने सोचा, *'क्या मेरा उन्हें यूँ छोड़कर मजे करना सही है?'*

खैर, अब इस सवाल का जवाब ढूंढ़ने का समय आ गया था—साफ-साफ।

2014 की गर्मियों में बाइकरनी शीतल बिदाये उनके संपर्क में आईं । वो मोटरसाईकिल के लिए दुनिया के सबसे ऊंचे रोड—इंडो चाइना बॉर्डर पर जाने की योजना बना रही थीं।

'यार, वो कमाल का होगा। तुम्हें हमारे साथ आना होगा!'

माना पास को साल में दो बार ही पार किया जा सकता है: अप्रैल और सितंबर में। अप्रैल 2014 में भी महिलाओं के एक ग्रुप ने उसे पार करने की कोशिश की थी। लेकिन वो इंडो-तिब्बतन बॉर्डर फ़ोर्स से जरूरी परमिट नहीं ले पाए थे।

बाइकरनी ने फिर सितंबर में कोशिश की। तब भावना को भी मौका मिला। लेकिन शुरुआती जोश पर शक के बादल छा गए।

क्या मैं हिमालय तक जा पाऊंगी? क्या मैं इतनी स्ट्रॉन्ग हूँ? मेरे न होने पर घर कौन संभालेगा? मैं बाइक राइड पर जाने के लिए 12 दिनों तक अपने परिवार को अकेला कैसे छोड़ सकती थी?

मामला और मुश्किल हो गया, जब भावना के ससुर को डेंगू की वजह से हॉस्पिटल में भर्ती होना पड़ा। उनके पति अपने पिता की देखभाल करने के लिए दिल्ली गए हुए थे। वो ट्रिप पूरी तरह इम्पॉसिबल लग रहा था! शायद अगले साल... लेकिन गौरव ने ऐसा नहीं होने दिया।

'कैंसिल मत करो!' उन्होंने कहा। *'डैड की हालत सुधर रही है... मैं जल्दी ही घर वापस आ जाऊंगा।'*

बस एक ही समस्या थी। भावना के जाने और गौरव के आने में पूरे दो दिनों का अंतर था। ऐसे में वान्या की देखभाल कौन करेगा?

तब भावना को अहसास हुआ कि एक बच्चे को पालने में असल में पूरे गाँव को लगना पड़ता है। और शहरों में, जहाँ हम अकेले संघर्ष करते हैं, वहाँ किसी से मदद माँगने में कोई बुराई नहीं है। क्योंकि दोस्त और पड़ोसी भी तो परिवार ही होते हैं।

'मैंने अपनी बेटी के सोने का इंतजाम अपनी दोस्त के घर कर दिया।'

सब कुछ सही चल रहा था। भावना अपनी बाइक के साथ देहरादून जाने वाली ट्रेन में चढ़ गईं । अपनी चिंताओं को पीछे छोड़कर।

'मुझे अपने गिल्ट से बाहर आकर सड़क पर फोकस करना सीखना पड़ा!'

वो बारह दिन रोमाँच और अनुभव से भरे हुए थे।

बाइकरनी का कई जगहों पर एनजीओ और कैमरे की भीड़ ने स्वागत किया। हर जगह उनसे एक ही सवाल पूछा गया।

'वो चाहते थे कि मैं साबित करूँ कि मैं
उनके ग्रुप में जाने के लायक हूँ या नहीं...
मैंने कहा—भाड़ में जाओ!'

'आप की शादी हो गई? बच्चे हैं? हज़बैंड क्या करते हैं?'

'हज़बैंड नौकरी करते हैं और बच्चों को देखते हैं!' बाइकरनी ने जवाब दिया।

और भीड़ भी हैरान थी—ज़माना सचमुच बदल रहा है।

उत्तराखंड में 1,200 किलोमीटर के उस सफ़र में रास्ते में स्कूल की लड़कियों ने हाथ हिला-हिलाकर उनका स्वागत किया। गंगोत्री में एक जवान महिला ने भावना के पास आकर शरमाते हुए कहा, *'आपको देखकर लगता है कि हम भी कर सकते हैं।'*

उस दिन, भावना को अहसास हुआ कि वो बाइक चला तो अपने लिए रही हैं, लेकिन इससे बहुत से दूसरों लोगों पर भी असर पड़ रहा था!

हेमकुंड साहिब के सफर पर आए एक सरदार ने भावना से कहा, *'तुस्सी मुंबई विच अपनी बुलटनी पे आए हो?'*

उस तीर्थयात्री ने बाइकरनी के साथ एक सेल्फी भी ली अपनी बीवी को दिखाने के लिए।

'अगले साल उनको भी बुलेटनी पे आना है आपके साथ,' भावना ने कहा।

'आईडिया अच्छा है!' वो राजी हो गया।

जीरो डिग्री टेम्प्रेचर, ख़राब रास्ते और जंगली कुत्तों से बचते-बचाते बाइकरनी गैंग 5 अक्टूबर 2015 को माना पास पहुँच गया। 'शानदार सात' में शीतल बिदाये, कंचन ताम्हनकर, तृप्ति सर्मलकर, शुभांगी माँजरेकर, शलाका ज़द, स्नेह जोशी और भावना इस्सर शामिल थीं।

रोड ट्रिप सिर्फ किसी मंजिल के लिए नहीं होता, ये अपने अंदर के सफर के लिए होता है।

भावना के मन पर एक घटना छपी है, जब उनका बाइक से नियंत्रण खो गया था। वो पीठ के बल पड़ी थीं और उनके ऊपर उनकी 200 किलो की बुलेट थी।

'मैं ये क्यों कर रही हूँ, क्या ये इतना जरूरी है?' उन्होंने सोचा।

तीन बाइकरनी आगे जा चुकी थीं, जबकि तीन पीछे थोड़ी दूरी पर थीं। तब

भावना के मन में ख्यालों का ये रैला चल निकला।

जब कोई किसी विचार से जूझ रहा हो, बहुत परेशान या दुःखी हो रहा हो, तो ट्रेनर कहते हैं, 'कुछ देर उस विचार के साथ ही रहो'।

धीरे-धीरे आपको जवाब मिल ही जाता है।

'मैं अपने अंदर के संसार और वर्तमान की वास्तविकता में एक तुलना देख रही थी... मेरे सिवाय कोई मेरी मदद नहीं कर सकता था।'

माना पास के सफर ने भावना को अपनी मानसिक और शारीरिक सीमाओं को बढ़ाना सिखाया। ये उनके लिए एक आध्यात्मिक अनुभव भी था।

'मुझ में अब सब कुछ कंट्रोल करने की इच्छा नहीं थी।'

शुरुआती दौर में, आदमी ऑफिस और औरतें घर चलाती थीं। लेकिन अब शादियां साझेदारी अधिक हैं।

'अगर आप चाहते हैं कि आपके पति घर के कामों में आपकी मदद करें, तो उन्हें अपने तरीके से करने दो। नहीं तो आप सिर्फ तनाव में ही रहेंगी।'

जहाँ तक वान्या का सवाल है—वह लॉन्ग राइड का मजा लेती हैं। उनका अपना हेलमेट और नीगार्ड है। 10 साल की वान्या फैशन डिजाइनर बनना चाहती हैं, गली के कुत्ते पालना और अपनी माँ की तरह एनफील्ड बुलेट चलाना चाहती हैं।

आदर्श इंडियन नारी को एक बड़ी सी लाल बिंदी लगाने की जरूरत नहीं है। वो हेलमेट पहनकर, अलग-अलग रास्तों पर भी निकल सकती है। अपने दिल की सुनते हुए।